江西省情资料手册

（2021 年版）

中共江西省委党校
江 西 行 政 学 院
编

江西人民出版社
Jiangxi People's Publishing House
全 国 百 佳 出 版 社

图书在版编目(CIP)数据

江西省情资料手册：2021年版/中共江西省委党校，江西行政学院编. —南昌：江西人民出版社，2021.5
ISBN 978-7-210-13243-1

Ⅰ. ①江… Ⅱ. ①江… ②江… Ⅲ. ①江西-概况 Ⅳ. ①K925.6

中国版本图书馆CIP数据核字(2021)第099821号

江西省情资料手册：2021年版
中共江西省委党校 江西行政学院 编
责任编辑:涂如兰
封面设计:游珑
出版:江西人民出版社
发行:各地新华书店
地址:江西省南昌市三经路47号附1号
编辑部电话:0791-86893196
发行部电话:0791-86898815
邮编:330006
网址:www.jxpph.com
E-mail:jxpph@tom.com
2021年5月第1版 2021年5月第1次印刷
开本:787毫米×1092毫米 1/32
印张:6
字数:100千字
ISBN 978-7-210-13243-1
定价:26.00元
承印厂:南昌红星印刷有限公司
赣版权登字-01-2021-294

目　录

基本省情篇

发展格局篇

专题资料篇

比较资料篇

前言

省情是一个省的自然、地理、政治、经济、文化、社会发展等方面历史、现状和发展规律的综合反映。正确认识和科学把握省情,是各级领导干部必须解决的一个重大问题。

为了帮助在中共江西省委党校(江西行政学院)参加培训学习的学员、在职研究生及全省各级领导干部正确认识省情,科学把握省情,我们编写了本年度《江西省情资料手册》(2021 版)。手册通过展示我省经济社会发展总体概况,力求做到覆盖面广、内容简洁、易于查询、携带方便,一册在手,省情尽知。

本手册主要包括基本省情、发展格局、专题资料、比较资料等四方面内容。引用的数据和资料主要来源于《江西省 2020 年国民经济和社会发展统计公报》和省委省政府有关文件、领导讲话、政府网站以及省统计局和有关部门发布的资料，同时吸收了各种报道和研究文章的相关内容，在选择上遵循权威性和共识性，在表述上趋向规范化和通俗化。有些数据在正式引用时需以《江西统计年鉴》为准。由于水平和职能所限，本手册难免存在一定疏漏乃至误差，恳请各位领导、专家和广大读者提出宝贵意见。

编者

2021 年 5 月

基本省情篇

一、区域概况

1. 自然地理

①方位

● 江西地处北纬24°29′至30°04′、东经113°34′至118°28′之间，位于我国东南部、长江中下游南岸。因公元733年唐玄宗设江南西道而得省名，古称“吴头楚尾，粤户闽庭”。江西东邻浙江、福建，南连广东，西毗湖南，北界湖北、安徽，为长江三角洲、珠江三角洲和闽南三角洲经济发达地区的共同腹地，京九铁路和沪昆线纵横贯通全境。

②面积

● 国土总面积16.69万平方公里，占全国总面积的1.74%，居华东之首，全国第

18位。

③地形

●江西地势周高中低，由外向里、自南向北，渐次向鄱阳湖倾斜，构成一个往北开口的盆地。

●江西地形大致为“六山一水二分田，一分道路和庄园”。全境以山地、丘陵为主，山地占全省总面积的36%，丘陵占42%，平原占12%，水面占10%。

●东和东北有武夷山和怀玉山，南有大庾岭和九连山，西有罗霄山脉，井冈山处其中段，西北有幕阜山，庐山属其东延余脉。

●江西最高海拔：武夷山脉主峰黄岗山(2158米)。

④河流、湖泊

●境内水系主要属长江流域。全境有大小河流2400余条，总长1.8万余千米，大部分河流汇向鄱阳湖，再注入长江。

◆流域面积50平方公里及以上河流:967条;流域面积100平方公里及以上河流:490条;流域面积1000平方公里及以上河流:51条;流域面积1万平方公里及以上河流:8条。

●主要河流有5条,即赣江、抚河、信江、修河、饶河。赣江全长751公里,为本省第一大川,水量为长江第二大支流,它自南而北流贯全省,从赣州至湖口而入长江,通航里程500余公里。

●全省1000余座湖泊星罗棋布。湖泊拥有率2.4%,列全国第三位,仅次于江苏和安徽。

◆常年水面面积1平方公里及以上天然湖泊:86个;10平方公里及以上湖泊:15个;100平方公里及以上湖泊:2个;1000平方公里及以上湖泊:1个,即鄱阳湖(根据鄱阳湖基础地理测量成果,星子水位黄海高程20.66米时,对应的水面总面积为5156平方公里)。

◆鄱阳湖是全国最大的淡水湖,是国家级自然保护区,被称为“大陆之肾”“白鹤世界”“珍禽王国”。鄱阳湖水系占全省流域总面积的94%,占长江流域总面积的9%。

◆截至2019年底,全省共有水库10685座,水库总库容量327.9亿立方米。

⑤气候

●江西属于亚热带季风气候,春季温暖多雨,夏季炎热温润,秋季凉爽少雨,冬季寒冷干燥。

●2020年平均气温19.0℃,较常年偏高0.98℃,为1961年以来第1高位。平均日照时数1478.6小时,较常年偏少153.9小时,为1961年以来第4少位。

2. 自然资源

①矿产资源

●江西是环太平洋成矿带的组成部分,成

矿地质条件优越，矿产资源丰富。早在一万年前的新石器时代，先民们就利用陶土烧制绳纹陶器；三千多年前的商代，就能制造青铜器；唐宋时期铜、银、金、锡、铅等矿业采冶业已臻鼎盛，继之煤矿开采誉载江南。

●中华人民共和国成立后数十年的矿产地质勘查工作，使江西荣获“世界钨都”“稀土王国”等桂冠，并有“七朵金花（铜、钨、铀、钽、稀土、金、银）”的美誉，奠定了江西在中国甚至在世界的有色金属、贵金属和稀土矿产资源方面的重要地位。

●江西已发现各种有用矿产 187 种，矿产地 5000 余处，查明有资源储量的 133 种。

◆其中，能源矿产有：煤、石煤、地热、铀、钍等 5 种。

◆黑色金属矿产有：铁、锰、钛、钒等 4 种。

◆有色金属矿产有：铜、铅、锌、铝、镁、镍、钴、钨、锡、铋、钼、锑等12种。

◆贵金属矿产有:金、银2种。

◆稀有稀土金属矿产有:钽、铌、铍、锂、稀土、铷、铯等29种。

◆非金属矿产有:萤石、硫、磷、岩盐、水泥用灰岩、滑石、硅灰石、石膏、高岭土、膨润土、透闪石等79种。

◆水气矿产有:矿泉水、地下水等2种。

◆江西已发现温泉96处,已开采地热井38处,两项数据均列全国第六位。

◆江西主要以隆起断裂型地热资源为主,其中地热水资源分布范围较广,分布于全省11个设区市、57个县(市、区)。

◆全省已发现温泉96处,已开采地热井38处,两项数据均列全国第六位。

●全省已通过省级或国家级技术鉴定的饮用天然矿泉水产地:110处,主要分布于赣州、南昌、宜春、抚州、萍乡等地。

②水资源

●2020年全省平均降水量1896.8毫米,较常年偏多13%，为1961年以来第12高位。

③土地资源

●根据地域特征、土地利用主导方向等，全省划分为：赣北、赣西北、赣东北、赣中西、赣中东、赣南等六个土地利用区域。

◆赣北平原区：占全省土地总面积的22.6%；赣西北山地丘陵区：占17.7%；赣东北丘陵山地区：12.5%；赣中西部山地丘陵盆地区：14.4%；赣中东部山地丘陵区：9.3%；赣南山地丘陵区：23.5%。

●全省主要地类（第二次土地调查主要数据显示）

◆耕地：308.91万公顷（4633.7万亩），其中：水田251.05万公顷（3765.8万亩），水浇地1.81万公顷（27.1万亩），旱地56.05万公顷（840.8万亩）。

◆园地：33.45万公顷（501.7万亩）。

◆林地：1042.25万公顷（15633.8万亩）。

◆草地:30.34 万公顷(455.1 万亩)。

◆城镇村及工矿用地:85.37 万公顷(1280.6 万亩)。

◆交通运输用地:20.82 万公顷(312.3 万亩)。

◆水域及水利设施用地:127.37 万公顷(1910.6 万亩)。

◆其他土地:20.84 万公顷(312.6 万亩)。

●全省人均耕地 0.99 亩,较全国人均 1.52 亩少 0.53 亩,较第二次调查人均耕地 1.045 亩,有所下降。

④植物资源

●植物系统演化中各个阶段的代表植物江西均有分布,同时发现不少原始性状的古老植物,如“活化石”银杏等。

●全省有高等植物:5115 种。

●江西共有木本植物有 119 科。

●江西珍稀、濒危树种有 110 种,属于中国特有。

◆其中国家一级保护植物有：中华水韭、资源冷杉、水松、南方红豆杉、钟萼木等9种。

◆二级保护植物有：金毛狗蕨、水蕨、华东黄杉等近30种。

●稀有濒危保护植物群落主要在铅山县、铜鼓县、玉山县、井冈山市、龙南、全南、资溪等山区县。

●“十三五”以来，全省共完成人工造林636.1万亩，低产低效林改造1018.3万亩，森林抚育2640.3万亩，封山育林545.7万亩。

●林业年总产值由2015年的3063亿元，增加到2020年的5112亿元，年均增速达13.7%，林业总产值排名全国第六。

●全省活立木总蓄积量达6.85亿立方米，乔木林单位面积蓄积量达每公顷78.9立方米，比10年前分别增长50%和30%以上。

⑤野生动物资源

- 鸟类有国家一级保护动物:白鹤、丹顶鹤、东方白鹳等13种。
- 两栖爬行动物有蟒、虎纹蛙等国家一、二级保护动物。
- 哺乳动物有梅花鹿、云豹及斑林狸、江豚等国家一、二级保护动物。
- 鱼类有白鲟、中华鲟等国家一、二级保护动物。

3. 历史沿革

- 旧石器时代:鄱阳湖周边和赣江中下游许多地区已有远古人类繁衍生息。代表性遗址:万年仙人洞遗址。
- 新石器时代:普遍以农业经济为主,而且以栽培水稻为主要生产活动,也兼营一些狩猎和捕鱼。代表性遗址:筑卫城文化。
- 商周时期:吴城、新干等商周遗址的考古发现,打破了“商文化不过长江”的定论，表明当时赣江中下游地区已经具有了较为发达的农业和手工业，有着一支与中原地区并驾齐驱的青铜文明。代表性遗址：吴城商代青铜文化遗址。

●春秋战国时期：江西谓之“吴头楚尾”，主要系指赣北地区而言，赣南地区称为“百越之地”。

●秦汉时期：秦朝设立九江郡，辖境内有赣北、赣中、赣南。赣西则由长沙郡管辖。江西境内的行政区划由西汉时期的1郡18县，发展到东汉末年的3郡35县，初步奠定了今天江西省政区的规模。

●魏晋南北朝时期：孙氏东吴在江西设6郡，属扬州，江西还不是直属中央的州级独立行政单位。两晋时期，境内设江州，从此江西作为直属中央州一级的独立行政机构。南朝4代，各朝统治者仍加强对江州的控制。

●隋唐五代：隋改豫章郡为洪州，置总管

府,这是江西设立军政统一管理体制的总管府的开始。唐在地方行政机制是“道”制,江南西道的治所在洪州(南昌),简称江西道,“江西”由此得名,设9州49县。五代更替,江西仍为吴、南唐割据区域。隋唐五代使江西与大中国历史发展同步,创造出大大超越前代的物质文明与精神文明。

- 宋元明时期:北宋时期是江西行政区划发展的全盛时期,共有13州军,管辖65县;南宋江西全境为9州4军,下辖68县。到了元朝,江西是全国10个行省之一,省辖18路、9州、13个路属州和78县,辖境跨越南岭南北,包括今江西大部和广东大部。明朝江西布政司下辖13府,辖78县,除婺源外相当于今日的江西区域范围。此时的鄱阳湖及赣江成为南北物质交流的重要通道,江西作为一个完整的行政区域已完全确立为国家的重要财富基地，并涌现出大批精英人才，文化事业步入全国先进行列，呈现出“江西填湖广”的人口流动局面。

● 清朝时期：前清改“江西布政使司”为“江西省”，辖 13 府，1 直隶州，77 县，江西进入了一个相对稳定的发展时期。清中晚期，尤其是随着帝国主义的侵入，加速了手工业的破产，江西经济、文化地位下降，边缘化趋势开始显现。“辛亥革命”后的 13 天，九江宣布独立，这是继湖南、陕西之后全国第三个宣布独立的地方。之后，江西同盟会武装起义，宣布江西独立，标志着清朝在江西的统治结束。

● 民国时期：1913 年 7 月，北洋军阀开始了对江西 14 年的统治。在 1927 年起的 7 年中，江西是中国共产党领导土地革命的主要地区，革命根据地的斗争引导了中国的前进方向和历史命运。抗战时，全省 60 多县先后遭到日军侵扰，其人民对日寇进行了艰苦卓绝的斗争。

- 1949年5月22日,二野第四兵团第三十七师解放南昌。6月16日,江西省人民政府成立,邵式平为主席,范式人、方志纯为副主席。6月19日,中共江西省委成立,陈正人为书记、范式人、杨尚奎为副书记。6月25日,江西军区成立,陈奇涵为司令员,杨国夫为副司令员。至此,全省党政军机关成立。9月30日,四野第十五兵团第四十八军解放石城。至此,江西全境均获解放。

4. 红色摇篮

- 1922年2月,在安源成立了中共第一个工人党支部。1922年9月14日,在毛泽东、李立三、刘少奇等领导下,组织了安源路矿工人大罢工,使安源成为中国工人运动的策源地。
- 1927年8月1日,在周恩来、贺龙、叶挺、朱德、刘伯承等领导下,在南昌发动了

“八一南昌起义”，打响了武装反抗国民党反动派的第一枪，成为中国共产党独立领导革命战争，创建人民军队和武装夺取政权的开端。

●1927 年 10 月 27 日，由毛泽东率领的秋收起义部队，经“三湾改编”后，到达井冈山。1928 年 4 月下旬，由朱德、陈毅率领的南昌起义军余部和农军到达井冈山，与毛泽东所率领秋收起义部队会师，在井冈山创建了中国第一个农村革命根据地。

●1931 年 11 月，中华苏维埃第一次全国代表大会在瑞金召开，中华苏维埃共和国临时中央政府成立。毛泽东任临时中央政府主席，中国历史上第一个全国性红色政权诞生了。

●1934 年至 1935 年间，红军主力退出长江南北各根据地进行长征后，留下的红军、游击队和党政工作人员在项英、陈毅等同志和各地党组织的领导下,在江西及其周边七省同国民党反动派五六十个师的兵力进行了艰苦卓绝的斗争。1934年到 1937 年的南方三年游击战争,同长征一样证明了中国共产党和工农红军是支伟大的力量。

●在革命战争年代,江西是中国共产党领导全国人民进行革命斗争的主要根据地之一,先后创建了中央、湘赣、湘鄂赣、闽浙皖赣 4 块连片的革命根据地,建立了中央苏维埃政权和江西、闽赣、闽浙皖赣、湘赣、湘鄂赣、粤赣、赣南 7 个省级苏维埃及 110 个县级苏维埃。当时,革命根据地面积占江西全省总面积的三分之二,人口占全省总人口的二分之一以上。

●1937 年 10 月,国共双方协议,将江西及周边七省红军和游击队改编为国民革命军陆军新编第四军,同年 12 月 25 日新四军军部在汉口成立。1938 年 1 月 6

日，新四军军部迁驻南昌。江西是新四军这支抗日军队的组建地和发源地。

●江西省仅载入“革命烈士英名录”的革命烈士就有25万余人，占全国革命烈士总数的六分之一。

5. 人口、民族与宗教

①人口

◆第七次全国人口普查数据显示，2020年末全省常住人口4518.86万人，比2010年第六次全国人口普查数据增加62.12万人。

◆各设区市人口（截至2020年11月）。

◆四个人口规模较小的设区市总人口均小于200万人，依次为：萍乡市（180.48万人）；景德镇市（161.90万人）；新余市（120.25万人）；鹰潭市（115.42万人）。

◆七个人口规模较大设区市总人口均大于350万人，依次为：赣州市（897.00万人）；上饶市（649.11万人）；南昌市

(625.50万人);宜春市(500.77万人);九江市(460.03万人);吉安市(446.92万人);抚州市(361.49万人)。

◆全省人口超百万的县(县级市)依次是:鄱阳县、丰城市、于都县、南昌县、余干县。

②民族

●据第七次人口普查数据,全省常住人口中,汉族人口为44969369人,占99.51%;各少数民族人口为219266人,占0.49%。

●第六次人口普查资料:人数最多的少数民族:畲族,91068人;其次为苗族,9125人;第三为回族,8902人;第四为壮族,7979人;第五为满族,4942人;最少为德昂族和珞巴族,各1人。

●少数民族人数最多的设区市:赣州,有57243人;少数民族人数最多的县:南康市,有10213人。

● 少数民族个数最多的设区市：南昌，共有52个。

● 全省有8个民族乡：贵溪市樟坪畲族乡、铅山县太源畲族乡、铅山县篁碧畲族乡、永丰县龙冈畲族乡、南康市赤土畲族乡、青原区东固畲族乡、乐安县金竹畲族乡、峡江县金坪民族乡。

● 少数民族行政村：82个；少数民族村民小组：400余个。

③宗教

● 江西是全国宗教大省，有信教群众176万余人，教职人员9300余人。

● 我省现有佛教、道教、基督教、天主教、伊斯兰教五个教界。共有正式登记的宗教场所6605个。

● 宗教团体200余个。其中，全省性宗教团体8个：江西省佛教协会、江西省道教协会、江西省伊斯兰教协会、江西省天主教爱国会、江西省天主教教务委员会、天主教江西教区、江西省基督教三自爱国运动委员会、江西省基督教协会。

④方言

●最主要方言:赣语,覆盖了全省面积和人口的四分之三。省内赣语区可分为:昌靖片、宜浏片、吉茶片、抚广片和鹰弋片。其中以江西赣语区三大城市口音抚州话、新余话、南昌话为赣语代表或标准音。

6. 行政区划

①设区市

●共有设区市11个。

◆南昌、九江、景德镇、萍乡、新余、鹰潭、赣州、宜春、上饶、吉安、抚州。

②县(市、区)

●共有县(市、区)100个。其中61个县、12县级市、27个市辖区。

◆南昌市:东湖区、西湖区、青云谱区、红谷滩区、青山湖区、新建区、南昌县、安义县、进贤县。

◆景德镇市：昌江区、珠山区、乐平市、浮梁县。

◆萍乡市：安源区、湘东区、莲花县、上栗县、芦溪县。

◆九江市：濂溪区、浔阳区、柴桑区、瑞昌市、共青城市、庐山市、武宁县、修水县、永修县、德安县、都昌县、湖口县、彭泽县。

◆新余市：渝水区、分宜县。

◆鹰潭市：月湖区、贵溪市、余江区。

◆赣州市：章贡区、南康区、赣县区、瑞金市、龙南市、信丰县、大余县、上犹县、崇义县、安远县、定南县、全南县、宁都县、于都县、兴国县、会昌县、寻乌县、石城县。

◆宜春市：袁州区、丰城市、樟树市、高安市、奉新县、万载县、上高县、宜丰县、靖安县、铜鼓县。

◆上饶市:信州区、广丰区、德兴市、广信区、玉山县、铅山县、横峰县、弋阳县、余干县、鄱阳县、万年县、婺源县。

◆吉安市:吉州区、青原区、井冈山市、吉安县、吉水县、峡江县、新干县、永丰县、泰和县、遂川县、万安县、安福县、永新县。

◆抚州市:临川区、东乡区、南城县、黎川县、南丰县、崇仁县、乐安县、宜黄县、金溪县、资溪县、广昌县。

二、经济建设

1.2020年综合

①地区生产总值

●地区生产总值:25691.5亿元,增长:3.8%。

●人均生产总值什56854元,美元汇率折算8818美元,比上年增长6.9%。

②三次产业比例

●第一产业增加值:2241.6亿元,增长2.2%。

●第二产业增加值:11084.8亿元,增长4.0%。

●第三产业增加值:12365.1亿元,增长4.0%。

●三次产业结构由上年的8.3:44.2:47.5调整为8.7:43.2:48.1。

●三次产业对GDP增长的贡献率分别为5.0%、52.1%、43.0%。

③投资

●全年全社会固定资产投资比上年增长 8.2%。

◆第一产业完成投资比上年增长 24.4%。

◆第二产业完成投资比上年增长 8.0%。

◆第三产业完成投资比上年增长 7.8%。

◆工业投资比上年增长 8.0%。

◆国有投资比上年增长 9.1%,占全部投资的 24.4%。

◆非国有投资比上年增长 7.9%。

◆民间投资比上年增长 3.6%。

◆全年房地产开发投资比上年增长 11.1%。

④财政

●全年财政总收入 4048.3 亿元,比上年增长 1.2%。

●一般公共预算收入 2507.5 亿元,比上年增长 0.8%。

●地方税收收入 1702.0 亿元,比上年下降

2.6%，占财政总收入的比重为42.0%，占一般公共预算收入的比重为67.9%。

◆其中，增值税766.4亿元，下降4.3%。

◆企业所得税232.5亿元，下降5.0%。

◆个人所得税62.8亿元，增长11.0%。

●全年一般公共预算支出6666.1亿元，比上年增长4.4%。

◆在重点支出中，教育支出1218.9亿元，增长6.1%。

◆社会保障和就业支出866.7亿元，增长6.0%。

◆城乡社区支出728.5亿元，下降30.4%。

⑤价格

●全年居民消费价格（CPI）比上年上涨2.6%。

◆城市、农村分别上涨2.4%和3.0%。

●八大类商品和服务类价格“三涨五降”。

◆食品烟酒类上涨8.8%。

◆医疗保健类下降0.1%。

◆其他用品和服务类上涨4.9%。

◆教育文化和娱乐类上涨2.1%。

◆居住类下降0.6%。

◆衣着类下降0.8%。

◆生活用品及服务类下降0.3%。

◆交通和通信类下降3.7%。

●工业生产者出厂价格(PPI)下降1.7%。

●工业生产者购进价格(IPI)下降3.0%。

●农产品生产者价格上涨11.0%。

⑥人口

●年末常住人口4518.9万人,占全国比重约为3.2%。

◆男性人口比重约占51.6%,女性人口比重约占48.4%。

◆0—14岁人口比重约占21.96%;15—59岁人口比重约占61.17%;60岁及以上人口比重约占16.87%,其中65岁及以上人口比重约占11.89%。

◆每10万人口中拥有受大学(大专及以上)教育程度人数为11897人,受高中(含中专)教育程度人数为15145人,受初中教育程度人数为35501人，受小学教育程度人数为27514人。

2. 农业

① 产值

● 全年实现农林牧渔总产值3820.7亿元，比上年增长2.7%。

● 全年粮食总产值2163.9万吨，比上年增长0.3%。

② 种植面积

● 全年粮食种植面积3772.4千公顷，比上年增长2.9%。

◆ 其中谷物种植面积3510.0千公顷，增长2.8%。

◆ 油料种植面积678.4千公顷，增长0.2%，其中油菜籽种植面积475.4千公顷，下降1.4%。

◆ 蔬菜种植面积661.0千公顷，增长2.6%。

◆ 棉花种植面积35.0千公顷，下降19.5%。

◆ 甘蔗种植面积13.6千公顷，下降2.7%

③ 主要农作物产量

●粮食总产量达到 432.8 亿斤,比上年增加 1.4 亿斤,粮食产量连续八年稳定在 430 亿斤以上。

◆其中谷物产量 2076.3 万吨,增长 0.2%。

●油料产量 122.7 万吨,增长 1.6%。

◆其中油菜籽产量 67.8 万吨,下降 1.5%。

●棉花产量 5.3 万吨,下降 19.5%。

●甘蔗产量 61.2 万吨,下降 2.0%。

●烟叶产量 2.7 万吨,增长 18.6%。

●茶叶产量 7.2 万吨,增长 7.2%。

●园林水果产量 493.2 万吨,增长 4%。

●蔬菜及食用菌产量 1642.7 万吨,增长 3.8%。

●肉类总产量 283.0 万吨,下降 5.1%。

◆猪肉产量 180.7 万吨,下降 12.6%。

◆牛肉产量 15.2 万吨,增长 15.7%。

◆羊肉产量 2.6 万吨,增长 11.7%。

◆禽肉产量 84.5 万吨,增长 11.3%。

◆牛奶产量 9.1 万吨,增长 25.1%。

◆水产品产量262.7万吨，增长1.5%。

●年末生猪存栏1569.9万头，比上年末增长56.0%。

◆生猪出栏2218.3万头，下降12.9%。

④ 农业地位

●江西作为全国13个粮食生产省之一，是新中国成立以来全国两个从未间断输出商品粮的省份之一。

●《2020年全国农业产业化龙头企业100强》发布，正邦集团有限公司排名第5。

3. 工业

① 增加值

●全年全部工业增加值8952.7亿元，比上年增长4.0%。

●全省规模以上工业实现增加值增长4.6%。

◆轻工业增加值下降1.8%。

◆重工业增加值增长7.8%。

◆国有企业增加值下降15.4%。

◆集体企业增加值增长 19.2%。

◆股份合作企业增长 7.3%。

◆股份制企业增长 4.9%。

◆外商及港澳台投资企业增长 2.5%。

◆其他经济类型企业下降 1.3%。

●全年全省规模以上工业企业实现主营业务收入 37909.2 亿元,比上年增长 7.9%;实现利润总额 2438.1 亿元,增长 12.2%;每百元主营业务收入中的成本为 86.4 元,比上年减少 0.09 元。

●年末规上工业资产负债率为 53.7%,比上年末提高 1.1 个百分点。

●全省 38 个工业大类行业中,21 个大类行业增加值实现增长,增长面为 55.3%,其中 7 个行业实现两位数增长。

●高新技术产业增加值增长 11.2%,高于全省平均 6.6 个百分点,占规上工业增加值的比重为 38.2%,比上年提高 2.1 个百分点。

● 装备制造业增加值增长9.4%，高于全省平均4.8个百分点，占比为28.5%，比上年提高0.8个百分点。

● 战略性新兴产业增加值增长6.6%，高于全省平均2.0个百分点，占比为22.1%，比上年提高0.9个百分点。

● 高耗能行业增加值增长5.4%，占比为39.1%，比上年提高0.4个百分点。

● 非公有制工业增加值增长5.3%，占规模以上工业增加值的81.8%，对规模以上工业增长的贡献率为90.5%。

◆ 其中，私营企业增长5.1%，占规模以上工业增加值的45.3%，对规模以上工业增长的贡献率为48.8%。

② 效益

● 全年规模以上工业企业实现主营业务收入37909.2亿元，比上年增长7.9%。实现利润总额2438.1亿元，增长12.2%；每百元营业务收入中的成本为86.4元，比上年减少0.09元年末规上工业资产负债率为53.7%,比上年末提高1.1个百分点。

③ 产品

●重点监测的397种主要工业品中207种实现了不同程度增长,增长面52.1%。

◆工业新产品中,智能手机同比增长19.2%,集成电路增长16.4%,太阳能电池增长14.9%。

④ 企业

●2020年“中国企业500强”名单,江西共有8家企业上榜:江西铜业集团有限公司、江铃汽车集团有限公司、正邦集团有限公司、双胞胎(集团)股份有限公司、新余钢铁集团有限公司、晶科能源有限公司、江西省建工集团有限责任公司、南昌市政公用投资控股有限责任公司。其中,江西铜业集团有限公司名次上升2位,在中国企业500强中居第86位;南昌市政公用投资控股有限责任公司在去年首次入围之后排名大幅提升58位,列第426位。

- “2020年江西民营企业100强”前十位(以营业收入排位):正邦集团有限公司、江西方大钢材集团有限公司、双胞胎(集团)股份有限公司、晶科能源有限公司、江西济民可信集团有限公司、江西博能实业集团有限公司、江西立讯智造有限公司、中大控股集团有限公司、江西赣基集团工程有限公司、江西新力置地投资有限公司。
- “2020年江西民营制造业企业100强”前十位(以营业收入排位):江西方大钢材集团有限公司、双胞胎(集团)股份有限公司、晶科能源有限公司、江西济民可信集团有限公司、江西博能实业集团有限公司、江西立讯智造有限公司、泰豪集团有限公司、仁和(集团)发展有限公司、鹰潭胜华金属股份有限公司、上饶市致远环保科技有限公司。

●“2020 年江西服务业民营企业 20 强”前五位(以营业收入排位):江西新力置地投资有限公司、华宏汽车集团有限公司、江西绿滋肴控股有限公司、江西汇仁医药贸易有限公司、江西东旭投资集团有限公司。

⑤开发区

●实现主营业收入 32379.3 亿元,增长 10.1%;实现利润总额 2265.4 亿元,增长 15.4%。

◆主营业务收入过百亿的开发区 73 个,较上年增加 7 个。

◆主营业收入超 200 亿元的开发区 55 个,较上年增加 7 个。

◆主营业收入超 500 亿元的开发区 20 个,较上年增加 3 个。

◆主营业收入超 1000 亿元的开发区 5 个,

分别是南昌高新技术产业开发区、南昌经济技术开发区、九江经济技术开发区、南昌小蓝经济技术开发区和上饶经济技术开发区。

●年末全省开发区投产工业企业14257家，比上年末增加1243家；实际开发面积677.1方公里，完成基础设施投入1909.9亿元。

●全年开发区工业增加值增长5.5%，增速高于规模以上工业0.9个百分点；实现出口交货值2098.1亿元，增长8.2%。

4. 建筑业和房地产

●全年全省总承包和专业承包建筑业总产值完成8649.2亿元，比上年增长8.9%。

◆建筑工程产值完成7436.6亿元，增长8.1%，占建筑业总产值的比重为86.0%。

◆安装工程产值完成652.2亿元，增长16.7%，占建筑业总产值的比重为7.5%；其他产值完成560.3亿元，增长

11.0%,占建筑业总产值的比重为6.5%。

● 资质以上总、专包建筑业企业共 3869 家,比上年增加 646 家。其中,总承包企业 3396 家,增加 599 家;专业承包企业 473 家,增加 47 家。

◆ 按资质等级划分,资质等级为特、一级总、专包企业 425 家,增加 32 家;二级企业 1030 家,增加 73 家;三级及其他企业 2414 家,增加 541 家。

● 全年全省房地产开发投资比上年增长 6.2%。

◆ 住宅投资增长 7.2%。

● 商品房销售面积 6732.7 万平方米,增长 4.2%,其中住宅销售面积 5853.1 万平方米,增长 3.1%,增幅较上年回落 2.3 个百分点。

● 商品房销售额 5222.8 亿元,增长 10.9%,其中,住宅销售额 4425.2 亿元,增长9.6%。

●年末商品房待售面积803.5万平方米，比上年末下降1.8%。

●住宅待售面积408.9万平方米，下降2.8%。

●全年全省棚户区改造开工20.42万套，纳入国家计划的686个老旧小区改造全面完工。

5. 服务业

① 交通

●全年全省货物运输量157166.9万吨，比上年增长4.1%。

●货物运输周转量4010.8亿吨公里，增长3.9%。

◆南昌港完成货物吞吐量4865.9万吨，增长27.2%；完成集装箱吞吐量41.0万标准箱，下降25.8%。

◆九江港完成货物吞吐量12046.8万吨，增长6.1%；完成集装箱吞吐量61.0万标准箱,增长17.2%。

●旅客运输量43186.0万人,比上年下降27.9%。

●旅客运输周转量631.4亿人公里,下降35.9%。

◆昌北国际机场旅客吞吐量942.7万人次,下降30.9%。

●年末全省公路通车里程210641.5公里。

◆其中高速公路通车里程6234.1公里。

◆铁路营运里程4546.3公里。

●年末民用汽车保有量661.8万辆,比上年增长8.9%。

●年末民用轿车保有量377.6万辆,增长9.3%。其中私人轿车363.5万辆,增长9.7%。

② **邮电**

●全年全省邮电业务总量3851.2亿元,比上年增长25.5%。

◆其中,邮政业务总量311.3亿元,增长

35.3%。

◆电信业务总量3539.9亿元,增长24.7%。

◆完成邮政函件业务1183.9万件,下降29.7%。

●包裹业务36.7万件,下降16.0%。

●快递服务企业业务量11.2亿件,增长44.1%。业务收入84.3亿元,增长25.7%。

●年末固定电话用户482.4万户,比上年末增长5.5%。

●移动电话用户4249.4万户,增长2.2%。

◆年末4G用户占移动电话用户比重为77.7%。

●年末互联网宽带接入用户(计算机互联网用户)1510.5万户,增长4.3%。

●年末移动互联网用户3599.3万户,增长2.6%。

③ 商贸物流

●全年全省实现社会消费品零售总额10371.8亿元,比上年增长3.0%。

●限额以上消费品零售额3302.2亿元,增长5.5%。

◆城镇消费品零售额8746.6亿元,增长2.7%。

◆其中城区5156.1亿元,增长2.8%。

◆乡村消费品零售额1625.2亿元,增长4.5%。

◆商品零售9516.1亿元,增长3.3%。

◆餐饮收入855.6亿元,增长0.5%。

●在限额以上单位商品零售额中,基本生活类商品销售保持较快增长,粮油食品类、日用品类、中西药类商品零售额分别增长19.9%、17.4%、28.1%。

●消费升级类商品中通讯器材类,体育、娱乐用品类商品零售额分别增长50.0%、13.5%。

●网上零售增势强劲,限额以上批发零售业通过公共网络实现商品零售额329.6亿元,增长38.6%。

④ **金融证券**

●年末全省金融机构人民币各项存款余额

43608.2 亿元，比上年末增长 12.0%，比年初增加 4655.6 亿元，同比多增 780.1 亿元。

◆其中住户存款 22741.1 亿元，比年初增加 3075.2 亿元，同比多增 601.0 亿元。

◆非金融企业存款 12942.8 亿元，比年初增加 1464.9 亿元，同比多增 402.5 亿元。

●金融机构人民币各项贷款余额 41409.2 亿元，比上年末增长 16.7%，比年初增加 5915.4 亿元，同比多增 875.4 亿元。

◆其中住户贷款 16301.6 亿元，比年初增加 1929.6 亿元，同比减少 204.9 亿元。

◆非金融机构及机关团体贷款 25035.4 亿元，比年初增加 3987.2 亿元，同比多增 1090.9 亿元。

●年末全省辖区内共有境内上市公司 55 家，比上年新增 12 家。

◆主板公司 29 家，中小板公司 10 家，创业板公司 13 家，科创板公司 3 家。

●辖区内证券公司2家,分公司43家,证券营业部310家,证券交易额7.73万亿元;期货公司1家,期货营业部32家,期货代理成交金额3.53万亿元。

⑤保险

●全年全省保险公司保费收入927.9亿元,比上年增长11.1%。

◆财产险保费收入332.9亿元,增长8.5%。

◆寿险保费收入594.9亿元,增长12.6%。

◆健康险保费收入179.6亿元,增长13.7%。

◆意外伤害险保费收入24.6亿元,增长14.0%。

●支付各类赔款及给付311.3亿元,增长10.9%。

◆财产险赔款及给付191.1亿元,增长11.2%。

◆人寿险赔款及给付120.2亿元,增长10.3%。

◆健康险赔款和给付83.9亿元,增长16.0%。

◆意外伤害险赔款和给付 6.1 亿元，增长 5.3%。

6. 能源

●全年全省规模以上工业生产原煤 281.2 万吨，比上年下降 33.7%；原煤库存量 284.2 万吨，下降 11.9%。

●原油加工量 701.9 万吨，下降 10.8%。

◆汽油产量 211.6 万吨，下降 13.4%。

◆煤油产量 54.2 万吨，下降 23.3%。

◆柴油产量 236.7 万吨，下降 19.4%。

●发电量 1320.6 亿千瓦时，增长 5.2%。

◆火力发电 1160.8 亿千瓦时，增长 5.6%。

◆风力发电 51.8 亿千瓦时，增长 25.2%。

◆太阳能发电 34.3 亿千瓦时，增长 3.7%。

◆水力发电 73.7 亿千瓦时，下降 9.2%。

●全年全省规模以上工业综合能源消费量 5817.2 万吨标准煤，增长 2.9%；万元规模以上工业增加值能耗下降 1.6%。

7. 贸易

●全年全省货物贸易进出口总值 4010.1

亿元,比上年增长14.3%。其中,出口值2920.4亿元,增长17%;进口值1089.8亿元,增长7.5%。

◆从贸易方式看,一般贸易出口2242.0亿元,增长11.5%;加工贸易出口633.4亿元,增长37.8%。

◆从主要产品看,机电产品出口1611.6亿元,增长29.5%,占全省出口值的55.2%;高新技术产品出口972.7亿元,增长37.1%。

◆从贸易对象看,对东盟出口541.6亿元,列第一位,增长11.0%;对美国出口486.4亿元,列第二位,增长36.5%;对欧盟出口392.7亿元,列第三位,增长16.4%;对“一带一路”沿线国家出口1030.0亿元,增长14.0%。

●全省新设外商投资企业565家,比上年增长3.9%;合同金额123.2亿美元,增长13.7%;实际使用外商直接投资金额146.0亿美元,增长7.5%。利用省外项目实际进资8751.6亿元,增长8.9%。

三、社会建设

1. 城镇就业

●年末城镇登记失业率3.2%，比上年上升0.2个百分点。

●全年城镇新增就业46.2万人、新增转移农村劳动力58.9万人，分别完成年计划的124.8%、117.7%。

●失业人员再就业17.7万人；就业困难人员就业4.7万人。

●全省农民工总量为1237.3万人，比上年下降1.6%。

◆本地农民工420.2万人，比上年下降4.7%；

◆外出农民工817.1万人，与上年持平。

2. 城乡建设

●农村人居环境整治三年行动目标基本实现。

●“厕所革命”三年攻坚任务超额完成。

●71个县实现城乡环卫“全域一体化”第三方治理。

●107个县(市、区)和(供水)功能区开展城乡供水一体化工作。

●湖口县、余江县、大余县、永丰县入选国家新一轮农村宅基地制度改革试点。

●城市功能与品质提升三年行动扎实推进:

◆萍乡海绵城市试点建设连续3年获评全国第一;

◆萍乡市、景德镇市、宜丰县、玉山县、芦溪县、大余县获评全国文明城市;

◆南昌市、赣州市、吉安市和南昌县复查保留全国文明城市称号;

◆景德镇、九江市、赣州市、抚州市、上饶

市、共青城、德兴县获评国家卫生城市；

◆新余市获评 2020 年度中国宜居宜业城市。

●在全国“千村万寨展新颜”活动中，我省入选村庄占参加总数的 30%，居全国第一。

●年末全省公路通车里程 210641.5 公里。

◆高速公路通车里程 6234.1 公里，高速公路通车里程增长 20%；

◆铁路营运里程 4546.3 公里；

◆高速铁路通车里程翻番。

●实现高速铁路“市市通”、高速公路“县县通”、动力电“村村通”、水泥(油)路“组组通”。

●南昌地铁 3 号线投入运营。

●祁婺高速、宜遂高速、南昌西二环高速、瑞金机场等开工。

●信江具备三级通航条件。

●电力装机容量增长 122.2%。

●窄带物联网实现省域全覆盖。

●5G 基站实现设区市主城区全覆盖。

●棚户区改造开工 20.42 万套,居全国第一。

●纳入 2019 年国家计划的 686 个老旧小区改造全面完工。

3. 居民生活

●人均预期寿命由 2015 年的 73 岁提高到 2020 年的 77.2 岁。

●全年全省民生类施工项目共 681 个,增加 181 个,完成投资增长 21.9%。

◆教育投资增长 16.4%;

◆卫生和社会工作投资增长 27.3%;

◆文化、体育娱乐业投资增长 25.3%。

●居民人均可支配收入提前实现比 2010 年翻番目标;全年全省居民人均可支配收入 28017 元,比上年增长 6.7%,扣除价格因素,实际增长 4.0%。

◆城镇居民人均可支配收入 38556 元,增长 5.5%,扣除价格因素,实际增长 3.0%;

◆农村居民人均可支配收入16981元，增长7.5%，扣除价格因素，实际增长4.4%。

●城乡居民收入比2.27∶1，比上年缩小0.04。

●全年全省居民人均消费支出17955元，比上年增长1.7%。

◆城镇居民人均消费支出22134元，下降2.6%；

◆农村居民人均消费支出13579元，增长8.7%。

●城、乡居民消费恩格尔系数分别为31.4%、33.6%，分别比上年回升2.3、3.2个百分点。

●积极应对疫情对消费市场冲击，举办“金秋消费季”“爱江西·健康游”“工业品供需对接”等活动，发放居民消费券5.8亿元。

●南昌市、新余市入选首批国家体育消费、

文化和旅游消费试点城市。

4. 保险保障

●年末全省参加城镇职工基本养老保险人数 1168.2 万人,比上年末增加 71.3 万人。

●参加城乡居民基本养老保险人数 2078.0 万人,增加 189.1 万人。

●参加基本医疗保险人数 4780.0 万人,减少 2.45 万人。

◆参加职工基本医疗保险人数 599.0 万人,增加 20.0 万人;

◆参加城乡居民基本医疗保险人数 4180.9 万人。

●参加失业保险人数 291.9 万人,增加 2.2 万人。

●全省领取失业保险金人数 3.6 万人。

●参加工伤保险人数 553.4 万人,增加 14.0 万人。

●参加生育保险人数 372.2 万人,增加 68.9

万人。

● 城市居民纳入政府最低生活保障人数33.8万人，城市低保标准每人705元/月，向城市低保户发放低保金20.5亿元，月人均补差450元。

● 农村居民纳入政府最低生活保障人数147.2万人，农村低保标准每人470元/月，向农村低保户发放低保金58.4亿元，月人均补差325元。

● 农村、城市特困供养标准分别为每人615元/月、915元/月。

● 省本级划转部分国有资本充实社保基金工作完成。

● 企业职工基本养老保险基金实现省级统收统支，工伤保险基金实现市级统收统支。

● 困难残疾人生活补贴、重度残疾人护理补贴标准实现城乡统一。

● 社保卡覆盖全省99%人口并在七大领

域初步实现一卡通用。

●公益性殡葬基础设施建设和惠民殡葬改革走在全国前列。

●全年全省义务教育阶段免除学杂费的学生数626.7万人,义务教育阶段补助家庭经济困难寄宿生活费学生数30.1万人,资助普通高中家庭经济困难学生数28.4万人,资助考入大学(含民办高校独立学院)家庭经济困难学生数3.0万人,资助中等职业教育(不含技工学校)家庭经济困难学生数39.5万人。

●年末全省共有提供住宿的社会福利机构1883个,床位数17.2万张,收养人数8.4万人。

●社区服务机构和设施总数43489个,其中社区服务中心1123个。

●全年销售社会福利彩票25.3亿元,筹集福利彩票公益金8.0亿元,直接接受社会捐赠8.1亿元。

●省市县乡四级养老服务中心成立,县乡村三级联动农村养老服务网络建立。

●开展“保用工稳就业”“开发区百万大招工”等行动。

●承办第四届“中国创翼”创新创业大赛。

5. 科技教育

●创新型省份建设三年行动取得新成效,预计 R&D 经费支出占 GDP 比重为 1.75%,比上年提高 0.15 个百分点。

●年末共有国家工程(技术)研究中心 8 个,省工程(技术)研究中心 370 个;国家级重点实验室 5 个,省级重点实验室 218 个。

●综合科技创新水平指数升至 56.68%,是全国唯一连续 7 年进位省份。

●全年受理专利申请 114299 件,授权专利 80239 件。

●13 项专利获第 21 届中国专利奖,创历史新高。

●签订技术合同 4086 项,技术市场合同成交金额 233.4 亿元。

◆技术开发合同成交额 77.1 亿元,技术转让合同成交额 36.8 亿元。

●年末全省共有获省级检验检测机构资质认定的机构 1541 个。

◆国家产品质量监督检验中心 10 个,法定计量技术机构 331 个。

●全年强制检定计量器具 127.6 万台(件),开展产品质量监督抽查 7681 批次。

●获得 CCC 认证证书的企业 598 家,获得 CCC 认证证书 4113 张。

●发放自愿性产品认证证书 7739 张,发放工业产品生产许可证 755 张。

●测绘部门为经济社会发展提供各种基本比例尺地形图 10960 张,测绘基准成果 2504 点,遥感影像成果 16.9 万平方公里。

●L－15高级教练机获国家科技进步一等奖。

●中科院赣江创新研究院成立，国家稀土功能材料创新中心获批。

●抚州高新区成为国家新型工业化产业示范基地（数据中心），填补了中部地区无国家数据中心空白。

●省高层次人才产业园在南昌高新区开园。

●深入实施“2＋6＋N”产业高质量跨越式发展行动计划，有色金属、电子信息、航空制造等产业营业收入实现两位数增长。

●抚州市、赣州市获评全国装配式建筑范例城市。

●全省启动数字经济发展三年（2020－2022年）行动。

●南昌市城市大脑（一期）上线。城市大脑打通了53个市直部门、11个省直部门 1193 类数据,实现了 20 多亿条数据的共享协同和跨部门、跨区域共同应用。

●全省累计开通 5G 基站超 3 万个,超额完成年度计划。

●数字经济增加值增长 11.8%,占 GDP 比重 30% 左右。

●以"VR 让世界更精彩——育新机、开新局"为主题的 2020 世界 VR 产业大会云峰会在南昌市举办。会议期间发布了 2020 中国 VR50 强企业名单,科大讯飞、泰豪创意、江西科骏等企业榜上有名。

●举办江西智库峰会暨国家级大院大所产业技术进江西重大活动。

●全年全省研究生教育招生 2.0 万人,在校生 5.1 万人,毕业生 1.3 万人。

●普通高等教育招生 42.2 万人,在校生 124.2 万人,毕业生 30.9 万人。

◆普通高考录取率 84.4%,高等教育毛入学率 52.0%。

●成人高等教育招生 13.7 万人，在校生 30.3 万人，毕业生 5.1 万人。

●中等职业教育招生 17.7 万人，在校生 44.6 万人，毕业生 10.8 万人。

●普通高中招生 38.5 万人，在校生 110.5 万人，毕业生 33.3 万人。

◆高中阶段教育毛入学率 92.5%。

●初中学校招生 68.6 万人，在校生 220.4 万人，毕业生 68.7 万人。

◆初中阶段毛入学率 109.5%。

●普通小学招生 61.8 万人，在校生 406.3 万人，毕业生 68.2 万人。

◆小学毛入学率 101.7%。

●民办学校 9158 所，在校学生 184.8 万人。

●特殊教育在校生 4.0 万人。

●幼儿园在园幼儿 170.0 万人，学前教育毛入园率 87.6%。

●公办幼儿园在园幼儿比例 50.3%。

●义务教育大班额比例降至3.75%，普通高中超大班额基本消除。

●江西理工大学应用科学学院、东华理工大学长江学院、江西财经大学现代经济管理学院等3所高校独立学院转为公办。华东交通大学理工学院、江西科技师范大学理工学院、景德镇陶瓷大学科技艺术学院等3所高校独立学院转为独立设置的民办普通本科学校。

●在国务院教育督导委员会开展的教育社会满意度调查中，我省位居全国第三。

6. 文化旅游

●南昌汉代海昏侯国遗址公园开园。遗址公园地处南昌市新建区，由紫金城城址、历代海昏侯墓园及墓葬群等组成。海昏侯墓主是汉武帝之孙、第一代海昏侯刘贺，他曾当过27天皇帝，后遭废黜，史称“汉废帝”。

●位于南昌市赣江北大道的省博物馆新

馆、省图书馆新馆、省科技馆新馆正式开馆。

●5 部作品入选庆祝中国共产党成立 100 周年舞台艺术精品创作工程。

◆赣南采茶戏《一个人的长征》入选“百年百部”创作计划;

◆赣南采茶戏《八子参军》入选“百年百部”精品复排计划;

◆歌曲《读“清贫”》、采茶戏《送郎歌》、音乐《新长征再出发》入选“百年百部”小型作品创作计划。

●九江市庐山西海景区晋升国家 5A 级景区。

●上饶市三清山金沙旅游度假区获评国家级旅游度假区。

●年末全省共有艺术表演团体 79 个,文化馆 118 个,公共图书馆 114 个,博物馆 170 个。

●广播电视台 94 座,中、短波转播发射台

25座。

●有线电视实际用户537万户,其中,数字电视实际用户521万户。

●年末广播综合人口覆盖率99.0%,电视综合人口覆盖率99.5%。

●全年出版各种图书、期刊、报纸9500种,出版各类图书25793万册、期刊7006万册、报纸74377万份。

●全年接待国内旅游者55681.8万人次,比上年下降29.6%;国内旅游收入5420.1亿元,下降43.5%。

●全年接待入境旅游者13.0万人次,下降93.4%;国际旅游外汇收入0.37亿美元,下降95.7%。

7. 卫生体育

●南昌大学第一附属医院象湖分院、江西省人民医院红谷分院、南昌大学第二附属医院红角洲医院、江西省妇幼保健院红谷滩分院、江西省儿童医院红谷滩分院等省属5所医院新院投运。

●省公共卫生应急物资储备库竣工。

●江西省第六届全民健身运动会于6月至11月分两个阶段在全省范围举行，历时6个月。9月15日，省第六届全民健身运动会开幕式在南昌市成功举办。

●年末全省共有各类医疗卫生机构（不含村卫生室）9345个。

◆医院、卫生院2452个，妇幼保健院（所、站）114个，专科疾病防治院（所、站）110个，疾病预防控制中心152个，卫生监督所（中心）111个。

●卫生技术人员28.6万人。

◆执业医师和执业助理医师10.5万人，注册护士12.9万人。

●医院、卫生院床位数26.5万张。

◆乡镇卫生院床位数5.8万张。

●年末全省共有青少年俱乐部138个，青少年户外活动营地4个。

● 国家级体育传统项目学校 15 所,省级体育传统项目学校 237 所,省级单项体育后备人才基地 37 个。

● 全年新建村级农民体育健身工程 243 个,乡镇农民体育健身工程 22 个。

● 在国际和国内的重大比赛中共获得 18 枚金牌、14 枚银牌和 28 枚铜牌。

四、生态文明

1. 绿化

●全省完成低产低效林改造176.8万亩，占计划的100.5%。

●全省完成人工造林114.7万亩，占年度计划的163.9%，超额完成国家和省下达的年度计划任务。

●完成重点防护林工程营造林面积90.67万亩，占年度计划任务的104.2%。

●全省实施封山育林110.3万亩。

●建立国家和省级种质资源库16处(国家级4处、省级12处)、重点林木良种基地22处(国家级13处、省级9处)、省级保障性苗圃53家。

●全省参加义务植树人数达2593万人次，

尽责率达 91.5%。

●森林乡村建设加快推进,成功创建 430 个国家森林乡村、675 个省级森林乡村。

●2020 年,我省奉新等 8 县(市)申报创建国家森林城市获国家林业和草原局同意备案,大余等 6 县(市)的《国家森林城市建设总体规划》通过专家评审,全省已有 20 个县(市)开展了国家森林城市创建工作。

●2020 年新增省级森林城市 1 个,全省省级森林城市达到 76 个。

●目前全省林下经济经营总规模达到 4002.5 万亩。

●全省油茶林面积达 1598 万亩,总产值达 383.5 亿元;全省完成新增油茶种植面积 36.85 万亩,森林药材 26.97 万亩,香精香料 1.29 万亩。

●全省苗木花卉培育面积达 170.1 万亩,培育苗木花卉 12.3 亿株,总产值达 310

多亿元。大中型苗木花卉企业365家，其中：国家级龙头企业4家，省级林业龙头企业80家，培育的主要品种为樟树、桂花、茶花、樱花、杜英、楠木等20多种，初步形成了以奉新县、安义县、芦溪县、宜春市袁州区、兴国县等为代表的苗木花卉产业集群。

●国家林业和草原局等四部委公布国家森林康养基地（第一批）名单，婺源县、大余县、资溪县入选以县为单位的国家森林康养基地名单，萍乡市麓林湖养生公馆、新光山庄和南昌市茶园山林场入选以经营主体为单位的国家森林康养基地名单，同时创建了首批40家省级森林康养基地。

●“一长两员”（即：村级林长、森林资源监管员、专职护林员）森林资源源头管理体系更加健全，实现森林资源源头网格化管理全覆盖。持续开展森林资源网格、管理人员、管护资金"三整合"。

●全省共有省级林长11人、市级林长100人、县级林长1603人、乡级林长14006人、村级林长35427人、整合监管员6322人、聘请专职护林员30911人。

●全省109个县级单位推广应用江西省林长制巡护信息系统,系统上报事件总数23741起,已处理办结23489起,办结率为98.9%。

●全省共发生森林火灾57起,过火面积822.18公顷,受害森林面积409.21公顷。森林火灾起数、过火面积和受害森林面积,与2019年同期相比,分别下降5%、31.44%、16.34%,首次实现了元旦、春节、清明、全国"两会"期间等重点时段未发生森林火灾。全年森林火灾受害率0.013‰,远低于0.9‰的年目标值。

●全省投入防治资金6.7亿元,清理疫木

685.7万株，打孔注药保护重点松树36.26万株，年度除治任务全面完成，“三年攻坚战”取得阶段性成果。

● 全省完成重点区域森林“四化”建设任务23.9万亩，占计划的119.5%，超额完成年度计划任务；全省共栽植彩色与珍贵树种950.82万株。其中：栽植彩色树种688.65万株，主要树种为枫香、北美栎、山乌桕、无患子、栾树等；珍贵树种262.17万株，主要树种为榉木、檫木、楠木、银杏等。

● 全省持续稳步推进“公园绿地”与“城镇绿道”建设，城市人居环境明显改善。2020年底，全省新增城镇公园387个，新增公园绿地面积达2482公顷；改建城镇公园253个，改建公园绿地面积553公顷；新建城镇绿道里程841公里，完成覆绿、软覆盖面积达526公顷。

● 全省水利部门共完成江河堤防绿化长度

235 公里,绿化面积 5261 亩。全省新增水土流失综合治理面积 1267.46 平方公里,完成小流域水土流失综合治理 451.4 平方公里,水土流失区植被覆盖度显著提高。

●全省森林覆盖率继续稳定在 63.1%。

2. 节能减排

●全年全省规模以上工业综合能源消费量 5817.2 万吨标准煤,增长 2.9%;万元规模以上工业增加值能耗下降 1.6%(万元规模以上工业增加值能耗按 2015 年价格计算)。

●高耗能行业增加值增长 5.4%,占比为 39.1%,比上年提高 0.4 个百分点。

●退出煤炭产能 334 万吨,新能源和可再生能源装机容量占比达 46%。

●加大新能源公交车推广力度,全省新能源公交车占比达到 69.6%。

●全年全省 PM2.5 浓度为 30 微克/立方

米，比上年下降 14.3%，平均浓度达国家二级标准。

●全年优良天数比例为 94.7%，比上年上升 5.0 个百分点，优良天数增加 20 天。

●全省空气中的 SO_2、PM10、NO_2 浓度均达到国家二级标准，SO_2 与上年持平，PM10、NO_2 浓度分别下降 13.6%和 8.3%。

●节能环保支出 218 亿元，增长 12.2%。

●萍乡产业转型升级、宜春河湖管理保护、上饶横峰和赣州全南农村环境治理获国务院表扬。

●绿色金融改革取得重大进展，绿色金融发展指数排名全国第四，绿色市政专项债、“畜禽洁养贷”等十余项改革经验被央行采纳并推广。赣州、吉安普惠金融改革试验区成功获批。

●截至 2020 年 12 月 20 日，全省长江经济带废弃露天矿业完成修复面积 2.44 万亩，编制完成 9 项绿色矿业建设系列标准,115 家矿业达到绿色矿山标准。

3. 秀美江西

●深入实施城市功能与品质提升三年行动,推进城市生态修复、功能完善,设区市城区黑臭水体基本消除。

●持续推进农村人居环境整治三年行动,完成村组整治 2 万个,新建改建农厕 80.3 万户,全面推行"五定包干"村庄环境管护机制,在中部省份率先通过农村生活垃圾治理国检验收。

●全省新增沙化土地治理面积 6457.41 公顷,"十三五"期间全省共完成沙化土地治理面积 5.9 万公顷,占"十三五"计划任务的 163.4%。

●全年全省地表水断面水质优良比例为 94.7%,比上年上升 2.3 个百分点,V 类及劣 V 类水断面比例为 0。

●全省国家考核断面水质优良率 96%,比去年上升 2.7 个百分点。

- 全省10条主要河流中，信江、抚河、修河、饶河、长江九江段、袁水、萍水河、东江、环鄱阳湖区河流水质优良比例100%，赣江水质优良比例98.3%。
- 全省平均降水量1896.8毫米，较常年偏多13%，为1961年以来第12高位。
- 全省全年平均气温19.0℃，较常年偏高0.98℃，为1961年以来第1高位。
- 全省全年平均日照时数1478.6小时，较常年偏少153.9小时，为1961年以来第4少位。
- 全省109个县级单位推广应用江西省林长制巡护信息系统，系统上报事件总数23741起，已处理办结23489起，办结率为98.9%
- 江西省绿化委员会编印《江西树王》和《江西十大古树》画册。
- 九江市、吉安市分别出台了《关于切实做好古树名木保护管理工作的通知》。

●全省共创建省级以上湿地公园109处(国家级40处,省级69处),认定省级以上重要湿地46处(国际重要湿地2处,国家重要湿地2处),设立湿地保护小区656个。

●全省受保护湿地面积为56.41万公顷,湿地保护率达61.99%。

●全省共建立自然保护区191处(国家级16处、面积25.47万公顷;省级39处、面积37.50万公顷;市县级136处、面积47.01公顷)、保护区总面积109.98万公顷,占全省国土面积的6.59%。

●全省共建有风景名胜区45处,总面积44.93万公顷(国家级18处,面积29.36万公顷;省级27处,面积15.57万公顷)。

●全省共建有地质公园15处,总面积29.95万公顷(国家级5处,面积11.70万公顷;省级10处,面积18.25万公顷)。

- 全省森林公园总数达182处(国家级50处,省级120处,市县级12处),批复总面积达52.91万公顷,占全省国土面积的3.17%。
- 成功举办"2020江西森林旅游节",是2020年全国唯一举办森林旅游节的省份。
- 围绕"生态林产品 健康好生活"主题,成功举办首届江西林业产业博览会,展出林产品超过10万件。
- 圆满完成第四届中国绿化博览会(贵州)江西园的建设和开展任务,江西园获第四届中国绿化博览会组委会银奖和最佳科技新成果应用奖。
- 顺利推进第十届中国花卉博览会江西园建设,充分展示了我省绿化成果。

五、党的建设

1. 基本情况

●截至2019年底,我省中国共产党党员总数为221.4万名,比上年净增3万名。党的基层组织10.8万个,与上年基本持平。中国共产党的凝聚力和战斗力不断增强,党的组织体系更加健全,党的执政根基进一步夯实。

●党员数量平稳增长。全省党员总量增幅为1.3%,比上年提高0.4个百分点。全年发展党员6.5万名,比上年增加1.5万名,青年农民、高知识群体中发展党员数量增加明显。

●党员队伍结构持续优化。女党员48.3万名,占21.8%,比上年提高0.4个百分点;少数民族党员1万名,占0.5%,比上年提高0.1个百分点。40岁以下党员约为总数的三分之一,队伍年龄结构有所改善。工人和农民仍占主体,占比为40.9%。党员队伍文化程度继续提高,大专及以上学历党员达93.1万名,占42.1%,比上年提高1.1个百分点。

● 党员教育管理不断加强。各级党组织深入开展“不忘初心、牢记使命”主题教育,加大党员教育培训力度,全年培训党员数量比上年增加9.2%,99.9%的乡镇直接组织开展农村党员集中培训。党的组织生活更加严格规范,112个地方党委领导班子召开民主生活会,9.5万个党支部召开专题组织生活会开展民主评议党员。

2. 基层党建

● 全面铺开基层党建“三化”建设。2020年先后召开全省农村基层党建“三化”

建设现场会、全省城市及其它领域基层党建“三化”建设现场观摩会。1.69 万个村已基本完成标准化规范化建设,其它领域基层党建“三化”建设正在稳步推进。

●基层党组织建设不断加强。全省共设立基层党委0.6 万个、总支部0.6 万个、支部9.6 万个,基层党委比上年增加0.1 万个、支部比上年减少0.1 万个,组织设置更加科学规范。

●农村基层党组织在脱贫攻坚中战斗堡垒作用增强,选派第一书记1.3 万名,实现建档立卡贫困村和党组织软弱涣散村全覆盖。

●城市基层党建创新发展,各领域党组织互联互动,实行与驻区单位党建联建共建的街道、社区占比分别为 100%、99.3%。

●基层基础保障力度加大,所有社区落实

服务群众专项经费，全年新建或改扩建村级组织活动场所1300多个。

3. 党风廉政建设

● 面对来势汹汹的疫情和历史罕见的洪水，严明战时纪律，加强监督检查，全省共查处防疫防汛失职失责问题4121起。

● 坚决全面彻底肃清苏荣案恶劣影响特别是政治上的恶劣影响，全省共查处违反政治纪律案件253件，处分268人。

● 精准查处涉黑涉恶腐败和“保护伞”，全省共查处涉黑涉恶腐败和“保护伞”案件1241起，处理3340人。

● 加强脱贫攻坚监督，严肃查处扶贫领域腐败和作风问题5320起，处分1341人。

● 坚决查处民生领域侵害群众利益问题，推动涉农资金管理使用情况专项监督检查，全省查处侵害群众利益不正之风和腐败问题12022个，处理15233人。

● 持续整治“怕、慢、假、庸、散”等作风顽疾,坚决破除形式主义、官僚主义,全省共查处违反中央八项规定精神问题 9807 起,处理 13221 人。

● 聚焦“一把手”和领导班子这个重点,强化上级纪委对下级党组织的监督,江西省委出台《关于开展政治谈话加强对“一把手”和领导班子监督的意见》。

● 强化信访监督,全省共接收信访举报 79560 件次,运用“四种形态”批评教育帮助和处理 64380 人次,其中第一、二种形态处理 60905 人次,占比达 94.6%。

● 为负责者负责,省纪委省监委制定出台《纪检监察机关澄清失实检举控告和查处诬告陷害行为实施办法》,全省共为 327 名干部进行了澄清正名,对 17 名不实举报人依规依纪依法进行处理。

● 继续保持惩治腐败高压态势,严肃查腐败分子。全省纪检监察机关共立案 15697 件,处分 15433 人,移送检察机关

335人。

- 有针对性地开展思想政治教育，通过查办案件强大震慑和政策感召，全省共有391名党员干部主动向组织投案，其中县处级以上干部49人。
- 推进巡视巡察制度化、规范化建设。完成对市县党委巡察工作专项检查全覆盖，构建完善巡视巡察上下联动格局。明确巡视组组长原则上先试用后任职，成立省委巡视机构党总支，加强巡视干部集中统一管理。
- 充分发挥巡视的政治监督、政治导向作用，部署开展了三轮巡视，共巡视100个党组织。
- 深化全员培训，省纪委举办全省学习贯彻党内法规专题培训班，邀请中央纪委法规室业务骨干授课，省市县乡四级1.2万余人同步参训。坚持刀刃向内，在全省纪检监察系统深入开展警示教育。

发展格局篇

一、各市概况

1. 南昌市

①历史

●南昌是一座历史文化名城，拥有 2200 多年的深厚历史文化底蕴。南朝人雷次宗在《豫章记》中描述南昌：“豫章，水路四通，山川特秀，咽扼荆楚，翼蔽吴越”，是历代兵家必争之地。南昌寓“南方昌盛”“昌大南疆”之意。南昌城名数易，别名诸多，汉称豫章，唐称洪州，宋称隆兴，明代定名为南昌。1926 年北伐军攻克南昌后至今为江西省省会。1927 年震惊中外的八一南昌起义爆发，打响反对国民党反动派第一枪，“英雄城”南昌，人民军队从这里诞生。

②地理

● 南昌位于江西省中部偏北,赣江、抚河下游,东经 115°27′—116°35′,北纬 28°09′—29°11′,濒临我国第一大淡水湖－鄱阳湖,是唯一一个和我国经济发展最具活力的三个三角洲(区)－长江三角洲、珠江三角洲和闽东南三角区相毗邻的省会城市,是京九、沪昆高铁的交汇点,也是京九线上唯一的省会城市。

③资源

● 全市总面积 7402.4 平方公里。谷物种植面积 31.0 万公顷。其中,有效灌溉面积 19.0 万公顷,占 61.2%。全市拥有园林绿地面积 1.5 万公顷,森林覆盖率 23.0%,活立木蓄积量 283.3 万立方米。野生动、植物资源品种繁多。以非金属建材矿为主,兼有燃料、矿泉水等各类矿产。花岗岩、砂卵石储量巨大,开采历史悠久。

2. 景德镇

①历史

●景德镇在春秋战国时期地属楚国东南境，秦属九江郡番县，汉属豫章郡鄱阳县，三国时为吴地，东晋设镇，始称“昌南”，后易名“新平”，辖于江州，唐天宝元年（公元742年）更名“浮梁”。自汉、唐以来就产陶瓷，宋代以后与汉口镇、佛山镇、朱仙镇并称为全国四大名镇。北宋景德元年（1004年）因所制御瓷底部落款“景德年制”而得名。解放后从浮梁县分出，置景德镇市。

②地理

●景德镇位于江西省的东北部，东经116°57′—117°42′，北纬28°44′—29°56′。城区位于东经117°15′，北纬29°10′。全市总面积5256平方公里，最高峰五股尖海拔1618米，紧邻安徽省。全市为亚热带季风气候，自然资源丰富，生态环境优越,森林覆盖率达 67.85%。

③资源

●景德镇“水土宜陶”。全境处于黄山、怀玉山余脉与鄱阳湖平原的过渡地带,以中低山和丘陵为主。东北、西部多山,群峰林立、岗峦重叠。气候对自然植被、农业生产和瓷业生产都甚为有利。境内自然资源丰富。地下蕴藏着优质的瓷土矿。此外,尚有煤、锰、坞、铁、铜、铅、锌、金、大理石、石灰石、耐火粘土、海泡石、萤石等矿藏。

3. 萍乡

①历史

●西周时,萍乡属扬州,春秋属吴国,战国为楚地,汉高祖刘邦时属豫章郡宜春县地,三国吴帝孙皓于宝鼎二年(267)设立萍乡县,以地多生萍草得名。唐贞观元年属江南西道袁州府,元元贞元年(1295)萍乡由县升格为州。明洪武二年

(1369)由州改为县。清属江西省袁州府。中华人民共和国成立后属南昌专区,1959年1月,南昌专区改名为宜春专区,萍乡属之。1960年9月撤县设市,由宜春专区代管。1970年3月萍乡为省辖市。

②地理

●萍乡市位于江西省西部,东经13°35′—114°17′,北纬27°20′—28°0′,东与本省宜春市、南与吉安市、西与湖南省株洲市、北与湖南省浏阳市接壤。萍乡是江西和华东的“西大门”,在赣西经济发展格局中处于中心位置,素有“湘赣通衢”“吴楚咽喉”之称。萍乡处于长株潭经济圈的辐射核心区域,同时接受泛珠三角经济区和闽东南经济区的辐射。全市总面积为3823.99平方公里。

③资源

●萍乡自然资源丰富,历史上就以矿产资

源丰富而著称。已探明的矿藏有煤、铁、锰、铜、石灰石、高岭土、粉石英、瓷土等。萍乡以煤立市,1916年就产原煤95万吨、焦炭25万吨,被誉为“江南煤都”。全市森林覆盖率达67.3%,植物物种1200余种。水资源十分丰富,有袁水、萍水、草水、莲江五条河流,地表水径流量为26.46亿立方米/年,水能源可开发量4万千瓦,地下水储量为4亿立方米。

4. 九江

①历史

● 九江之称,最早见于《尚书·禹贡》中“九江孔殷”、“过九江至东陵”等记载,意指“众水汇集的地方”。九江作为行政区划最早出现在秦代,秦始皇划天下为三十六郡,就有九江郡。此后九江又有江州、柴桑、浔阳、汝南、湓城、德化等古称,但主要以九江、柴桑、浔阳、江州著称于世。1949年九江解放后设九江专员公署，1979 年改为九江地区。1980 年九江市从九江地区划出，升为省辖市，市辖浔阳、庐山、郊区三区。1983 年 7 月 27 日地市合并。

②地理

● 九江位于东经 113°56′—116°54′，北纬 28°41′—30°05′。地势东西高，中部低，南部略高，向北倾斜，平均海拔 32 米（市区海拔 20 米），修水九岭山海拔 1794 米，为九江最高峰，庐山区蛤蟆石附近的鄱阳湖底，海拔 -9.37 米，为全市最低处。全市总面积 1.9 万平方公里，其中山地占总面积的 16.4%，丘陵占 44.5%，湖泊占 18%。全市耕地 365.22 万亩，俗称“六山二水分半田，半分道路和庄园”。

③资源

● 植物资源丰富，森林主要分布在西部九岭、幕阜山脉，面积达 1.1 万公顷，森林覆盖率56.4%,活立木蓄积量2538万立方米。动物资源丰富,有候鸟类115种,两栖类11种,哺乳类20种。鄱阳湖候鸟自然保护区有越冬候鸟126种,数量多达数10万只,有白鹤、白头鹤、白鹳、黑鹳、天鹅、白额雁等珍稀濒危种类,其中白鹤种群数量占全球总量的95%以上。矿产资源丰富,共发现9大类矿产104种,黄金、钨、锑、锡、萤石储量居全省之首,铜居第二。矿泉水及地热资源丰富,庐山市地热温泉国内闻名。

5. 新余

①历史

● 自三国吴宝鼎二年(267)置新渝县,因袁河流入境内称为渝水而名新渝。隋朝开皇九年(589)撤县,并入吴平县。开皇十八年(598)由宜春划出复置新渝县。元朝元贞元年(1295)因有人口5万余户,升为州。明朝洪武二年(1369)改州复县，隶属临江府。清沿明制。中华民国时期亦为县建制。1958年，新余县属宜春专区（专署驻地由南昌迁宜春，改名宜春专区）。1960年9月，为适应钢铁工业发展，经国务院批准撤销新余县设立新余市，由省直辖。1983年7月经国务院批准恢复新余市，并将宜春地区的分宜县划归新余市管辖。

②地理

●新余市位于江西省中部偏西，浙赣铁路西段，东经114°29′—115°24′，北纬27°33′—28°05′。全境东西最长处101.9公里，南北最宽处65公里，东距省会南昌市150公里，东临樟树市、新干县，西接宜春市袁州区，南连吉安市青原区、安福县、峡江县，北毗上高县、高安市。全市总面积3178平方公里，土地利用构成大体为“六山半水二分田，分半道路和庄园”。

③资源

●新余市处于九岭、武功山、峰顶山交接地

带,地跨扬子准地台、华南褶皱系两大构造单元,地质构造较为复杂,有“中国洞都”美称。境内南北高,中间低平,袁河横贯其间,东部敞开,境界边缘连接高山,南部为武功山和九龙山,北部为蒙山,西南部为大岗山。

6. 鹰潭

①历史

- 秦至唐代一起由余汗县(今余干县)管辖(中间曾一度划入晋兴县管辖),唐代称鹰潭坊。唐末置贵溪县,鹰潭划为贵溪县辖地。明万历在鹰潭设巡检司,清乾隆定名鹰潭司,同治四年(1865)改名鹰潭镇,直至中华人民共和国成立后的1956年。1979年撤镇设市,1983年7月升格为省辖市,原县级鹰潭市区域改为市辖月湖区,同时辖贵溪县、余江县。

②地理

- 鹰潭市位于江西省的东北部,信江中下

游，东经116°41′—117°30′，北纬27°35′—28°41′。东部、北部分别与上饶市的弋阳、铅山、万年、余干接壤，南面、西面分别与抚州市的金溪、资溪和东乡毗邻，东南一隅与福建省光泽县相连，史称“东连江浙，南控瓯闽，扼鄱水之咽喉，阻信州之门户”。全市总面积3556.7平方公里。

③资源

●鹰潭气候温暖、雨量充沛、土地肥沃，不仅宜农，而且宜牧、宜渔。全市矿产资源比较丰富，已探明地下矿藏有金属矿岩金、砂金、银矿、铅锌矿4种，非金属矿瓷土矿、硅石矿、石膏矿、石灰石矿、耐火粘土矿、滑石、脉石英、松脂岩8种及铀矿、矿泉水等共17种，在全国和省内具有优势的矿有银、铅、锌和石膏。

7. 赣州

①历史

●秦始皇三十三年（公元前214年）置南壄

县,隶九江郡,为建置之始。隋开皇九年(589)改南康郡为虔州,南宋改虔州为赣州,因治系章、贡二水合流成赣江处而得名。赣州因位处赣江上游,江西南部,并于清康熙年间和民国初先后置分巡赣南道和赣南道,故俗称赣南。苏维埃时期(1928—1934)赣南各地先后成立苏维埃政府,分别隶属江西、湘赣、粤赣、赣南省苏维埃政府。1949年7月,成立赣州分区行政督察专员公署。1999年7月,撤销赣州地区设立赣州市。

②地理

●赣州市位于赣江上游、江西南部,东经113°54′—116°38′,北纬24°29′—27°09′。境内东邻福建省三明市和龙岩市,南毗广东省梅州市、韶关市,西接湖南省郴州市,北连本省吉安市和抚州市。全市纵距295千米,横距219千米,总面积3.94万平方千米,占江西总面积的23.6%,

为江西省最大的行政区。赣州市是珠江三角洲、闽东南三角区的腹地，是内地通向东南沿海的重要通道，也是连接长江经济区与华南经济区的纽带。

③资源

●赣州市位于中亚热带南缘，属典型的亚热带湿润季风气候，其柑橘生产的自然条件被中国科学院认为在全国堪称得天独厚。赣州是全国重点有色金属基地之一，素有“世界钨都”“稀土王国”之美誉。已发现矿产62种，其中有色金属10种。赣州是我国商品林基地和重点开发的林区之一。植物区系具有种类繁多，成分复杂，起源古老等特点。境内保留了大量的第三纪植物区系，是古老植物种属的“避难所”，是东亚植物区系的发源地之一，还是我国特有植物珍贵树种较多的地区。

8. 吉安

①历史

●秦始皇二十六年(公元前211年),始置庐陵县,故吉安市古称“庐陵”,属九江郡。隋开皇十年(公元590年),改庐陵郡为吉州。元贞元年(公元1295年),改吉州路为吉安路,取吉水、安福两州各一字命名为吉安路,寓“吉泰民安”之意,“吉安”之名自此始。解放后成立中共吉安地方委员会、吉安公区行政督察专员公署,2000年5月撤地设市。

②地理

●吉安位于东经113°46′—115°56′,北纬25°58′—27°57′。全市总面积为2.53万平方公里。赣江自南而北贯穿其间,将全市切割为东西两大部分。地势由南往北东方向逐渐平坦,北为赣抚平原,中间为吉泰盆地。全市以山地、丘陵为主,三面环山,东面为雩山、南面为大庾岭、西面为罗霄山，境内最高点是罗霄山脉南段万洋山主峰南风面，海拔2120.4米，为全省第二高峰。

③资源

●全市水资源达224亿立方米，可开发水能资源157万千瓦，全省最大的水力发电厂万安水电厂就在吉安。境内森林覆盖率达67.6％，有3513种野生植物和344种陆生野生动物，是国内杉木、湿地松、毛竹、油茶等经济林的重要生产基地。全市矿藏丰富，主要有煤、铁、钨、钼、镍、铌、钽、铍、砂金、耐火粘土、泥炭、锰、钾、稀土、白泥、萤石、花岗石、大理石、粉石英等55种，矿产地800余处，除稀土矿外，另外28种矿产有探明储量，其中21中列入《江西省矿产资源储量表》。

9. 宜春

①历史

●汉高祖六年（前201），令天下郡邑皆筑城。于是两座新城出现于今宜春市境内。一为宜春,一为建成。宜春之名源于城西美泉,以其“夏冷冬暖,莹媚如春,饮之宜人”而得名。建成之名,以其“创建城邑”故名。宜春历史上出现的第一个州府级行政机构是袁州,其次为靖州,再次为临江军。1949 年 7 月,江西省人民政府袁州分区组建于南昌,驻宜春县城。2000 年 5 月,经国务院批准,撤销宜春地区,改设宜春市。

②地理

●宜春位于东经 113°54′—116°27′,北纬 27°33′—29°06′,北毗九江市与湖南省长沙、浏阳市,东接南昌、抚州市,南连新余、吉安市,西邻萍乡市与湖南省。全市东西长约 222.75 千米,南北宽约 174 千米,总面积 1.87 万平方千米。宜春市属中亚热带季风气候区,四季分明,春秋季短而夏冬季长,冬季冷而夏季热,春季湿而秋季干，素有“山明水秀，土沃泉甘，其气如春，四时咸宜”之称。

③资源

● 宜春全市毛竹资源极其丰富，是江西重点林区和全国重点毛竹产区。境内已探明水力资源60万千瓦，可供开发的有38万千瓦；已探明的矿产有53种，以稀有金属钽、铌，非金属矿产煤炭、石灰岩、高岭土和建筑材料矿产为优势。宜春四一四矿藏有锂、钽、铌、铷、铯等多种贵重金属，是世界上最大的锂云母矿，其开采量占世界70%以上。

10. 抚州

①历史

● 抚州市历史悠久。夏禹时地处扬州域，春秋时为百越之地，战国时属楚，秦时属扬州九江郡，汉改九江郡为豫章郡。隋开皇九年（公元589年）废郡扩州，以临川郡并巴山郡之一部置抚州，隶属洪州总管府,抚州从此定名。解放后设江西省抚州分区行政督察专员公署驻临川市(今抚州市城区)。2000 年 6 月 23 日,设立地级抚州市。抚州是“东方的莎士比亚”汤显祖的故乡。

②地理

●抚州市位于江西省东部、抚河上中游,东经 115°35′—117°18′,北纬 26°29′—28°30′,东邻福建省建宁县、泰宁县、光泽县、邵武市,南接江西省赣州市石城县、宁都县,西连吉安市永丰县、新干县和宜春市的丰城市,北毗鹰潭市的贵溪市、余干县和南昌市进贤县。全市土地面积 1.88 万平方公里。

③资源

●抚州资源丰富,境内矿产资源种类繁多,有金属矿产 20 多种,非金属矿产 30 多种;有色金属和贵金属矿产有金、银、铜、铅、锌、钨、锡、钼、铋、钒、钴、碲、硒等。

黑色金属矿产有铁、锰;放射性矿产有铀;已探明储量的230处矿床中,内有大型矿床1处,中型6处,小型223处。

11. 上饶

①历史

●从东汉建安十五(210年)析豫章郡地设置鄱阳郡始,上饶市已有一千八百年的历史。在漫长的历史变迁中,政区设置历经变动。古属扬州,春秋战国时期为吴越楚之地。秦设郡县制时主属九江郡,汉属豫章郡,三国吴至隋主属鄱阳郡,唐时改郡为州乾元元年(758年)始设信州,其时市境主属饶、信二州。1949年5月属赣东北行政区,同年9月主属上饶浮梁专区,1952年9月两专区合并为上饶专区,1971年4月23日改称上饶地区。2000年10月,改设上饶市。

②地理

●上饶位于江西省东北部,东经116°13′—

118°29′,北纬 27°48′—29°42′。境内区位优势明显,东邻浙江省衢州市,北毗安徽省池州市、黄山市,南壤福州省南平市。全市总面积 2.28 万平方千米,山地、丘陵、平原等分别占全市总面积的 10.27%、63.34%和 26.39%。全市东南高、西北低,中部为盆地,四周为高山,自北而南依次为鄣公山、怀玉山和武夷山,中部怀玉山脉呈北东东向蜿蜒于横峰—上饶一线,主峰灵山高达 1496 米,西面为鄱阳湖。

③资源

● 全市野生动植物资源非常丰富,是“珍稀植物王国,奇禽异兽乐园”。境内共有植物种类共计 293 科 1127 属 2830 种,其中列为国家一类保护树种为银杏、南方红豆杉、水松等,二类保护树种为华东黄杉、南方铁杉、白豆杉、连香树、花榈木、鹅掌楸、香果树等。市内矿产资源丰富,已发现金、银、铜、铅、锌、煤等各类矿产79种，查明资源储量48种，各类矿床或矿点1000余处。

二、各设区市经济发展比较[①]

①近三年各市生产总值及增长率

地区	生产总值(亿元)			生产总值增长率(%)		
	2020 年	2019 年	2018 年	2020 年	2019 年	2018 年
全　省	25691.5	24757.50	22716.51	3.8	8.0	8.7
南昌市	5745.51	5596.18	5274.67	3.6	8.0	8.9
景德镇市	957.41	926.11	846.60	3.7	7.8	8.2
萍乡市	963.60	930.02	1009.05	3.6	7.5	8.7
九江市	3240.50	3121.05	2700.19	3.8	8.4	8.7

① 本节数据出自于江西统计局网站(具体见网址 http://tjj.jiangxi.gov.cn/)。其中,2020 年数据来源于《2020 年 1—12 月各设区市、各直管县主要经济指标》,2019 年、2018 年和 2017 年数据分布来源于《江西统计年鉴—2020》、《江西统计年鉴—2019》和《江西统计年鉴—2018》。

地区	生产总值(亿元)			生产总值增长率(%)		
	2020 年	2019 年	2018 年	2020 年	2019 年	2018 年
新余市	1001.33	971.58	1027.34	3.5	7.6	8.3
鹰潭市	982.66	941.26	818.98	4.0	8.1	8.7
赣州市	3645.20	3474.34	2807.24	4.2	8.5	9.3
吉安市	2168.83	2085.41	1742.23	4.0	8.1	8.9
宜春市	2789.87	2687.57	2180.85	3.7	7.6	8.1
抚州市	1572.51	1510.92	1382.40	3.7	7.9	8.0
上饶市	2624.34	2513.07	2212.78	4.1	7.7	9.0

②近三年各市财政总收入及增长率

地区	财政总收入(亿元)			财政总收入增长率(%)		
	2020 年	2019 年	2018 年	2020 年	2019 年	2018 年
全　省	4048.3	4001.5	3795.8	1.2	5.4	10.1
南昌市	912.01	902.98	869.36	1.0	3.9	11.1
景德镇市	140.27	139.42	132.46	0.6	5.3	7.5
萍乡市	176.20	172.57	161.58	2.1	6.8	10.5
九江市	545.29	541.59	508.06	0.7	6.6	10.1
新余市	155.70	152.35	144.25	2.2	5.6	0.0
鹰潭市	152.05	149.01	140.87	2.0	5.8	10.3
赣州市	491.03	485.52	459.51	1.1	5.7	12.5
吉安市	307.24	300.95	280.52	2.1	7.0	11.6
宜春市	416.32	408.99	391.35	1.8	4.5	10.4
抚州市	216.59	213.04	200.70	1.7	6.1	9.3
上饶市	377.35	373.60	351.57	1.0	6.3	10.3

③近三年各市一般公共预算收入及增长率

地区	一般公共预算收入（亿元）			一般公共预算收入增长率(%)		
	2020 年	2019 年	2018 年	2020 年	2019 年	2018 年
全　省	2507.50	2487.4	2373.0	0.8	4.8	5.6
南昌市	483.86	476.08	461.75	1.4	3.1	10.7
景德镇市	100.05	99.69	89.86	0.4	10.9	3.6
萍乡市	106.11	105.02	99.71	1.0	5.3	-2.9
九江市	286.44	283.87	267.89	0.9	6.0	2.0
新余市	80.35	77.96	76.36	3.1	2.1	-17.5
鹰潭市	88.78	87.90	80.63	1.0	9.0	7.1
赣州市	285.82	280.37	265.21	1.9	5.7	8.1
吉安市	178.28	177.92	167.73	0.2	5.7	7.1
宜春市	247.65	246.16	236.37	0.6	4.1	4.9
抚州市	130.34	129.24	124.21	0.8	4.1	3.3
上饶市	227.00	232.41	222.83	-2.3	4.3	4.1

④近三年各市规模以上工业增加值增长率及固定资产投资增长率

地区	规模以上工业增加值增长率(亿元)			固定资产投资增长率(%)		
	2020 年	2019 年	2018 年	2020 年	2019 年	2018 年
全省	4.6	8.5	8.9	8.2	9.2	11.1
南昌市	4.7	8.5	9.5	8.8	10.2	10.9
景德镇市	4.3	8.3	8.3	8.4	10.4	11.2
萍乡市	4.5	8.7	8.6	8.0	9.7	10.5
九江市	4.2	8.4	8.9	9.0	8.7	10.8
新余市	4.8	8.1	8.5	7.8	10.0	10.6
鹰潭市	4.9	8.6	8.7	9.5	8.8	9.3
赣州市	4.6	8.7	9.5	9.2	10.5	11.3
吉安市	5.0	8.9	9.4	9.6	8.9	10.7
宜春市	4.7	8.4	6.3	8.1	9.5	11
抚州市	4.8	8.8	9.0	8.7	9.2	10.7
上饶市	5.0	8.6	9.4	9.3	9.4	11.1

⑤近三年各市社会消费品零售总额及增长率

地区	社会消费品零售总额(亿元)			社会消费品零售总额增长率(%)		
	2020 年	2019 年	2018 年	2020 年	2019 年	2018 年
全　省	10371.8	1006.81	9045.7	3.0	11.3	2.28
南昌市	2452.74	2382.31	2131.63	3.0	11.2	11.1
景德镇市	467.72	456.31	340.66	2.5	11.4	10.8
萍乡市	332.30	322.93	384.83	2.9	11.3	10.9
九江市	1196.10	1160.70	752.10	3.1	11.6	11.2
新余市	341.95	332.90	274.36	2.7	11.5	11.2
鹰潭市	343.12	330.24	220.79	3.9	10.7	10.8
赣州市	1684.48	1639.40	901.71	2.8	11.6	11.1
吉安市	875.09	846.64	514.19	3.4	12.1	11.3
宜春市	909.61	885.52	676.03	2.7	11.4	10.7
抚州市	539.26	522.69	544.14	3.2	11.7	10.6
上饶市	1229.41	1188.41	2131.63	3.5	10.6	11.1

⑥近三年各市出口总额及增长率

地区	出口总额(亿元)			出口总额增长率(%)		
	2020年	2019年	2018年	2020年	2019年	2018年
全省	2920.4	2496.5	2223.0	17.0	12.3	0.6
南昌市	713.11	645.78	451.67	10.3	43.0	6.2
景德镇市	65.68	63.22	66.97	3.9	-5.6	21.6
萍乡市	145.00	116.30	111.19	24.7	4.6	11.0
九江市	372.51	291.18	293.63	27.9	-0.8	1.6
新余市	78.99	75.47	85.55	4.7	-11.8	0.2
鹰潭市	108.31	81.37	69.65	33.1	16.8	10.6
赣州市	420.61	339.53	287.44	24.3	18.6	6.9
吉安市	392.59	353.86	307.65	10.9	15.0	-3.9
宜春市	228.47	190.89	164.01	19.7	16.4	-1.4
抚州市	162.74	139.87	131.08	16.3	6.8	1.2
上饶市	232.37	198.97	255.31	16.8	-22.1	-16.7

⑦近三年各市外商直接投资实际使用金额及增长率

地区	外商直接投资实际使用金额（万美元）			外商直接投资实际使用金额增长率(%)		
	2020 年	2019 年	2018 年	2020 年	2019 年	2018 年
全省	1460221	1357905	1257166	7.5	8.0	9.7
南昌市	406008	377156	348899	7.7	8.1	9.7
景德镇市	25143	23675	22309	6.2	6.1	9.0
萍乡市	45265	42602	40111	6.3	6.2	9.3
九江市	252414	234697	217223	7.6	8.0	9.5
新余市	54348	50944	47508	6.7	7.2	9.2
鹰潭市	36534	34122	31589	7.1	8.0	9.3
赣州市	216577	201182	184420	7.7	9.1	10.6
吉安市	136186	126637	117225	7.5	8.0	9.5
宜春市	97529	90763	84471	7.5	7.4	9.5
抚州市	44087	41192	38504	7.0	7.0	9.0
上饶市	146130	134935	124907	8.3	8.0	9.5

⑧近三年各市城镇居民人均可支配收入及增长率

地区	城镇居民人均可支配收入(元)			城镇居民人均可支配收入增长率(%)		
	2020 年	2019 年	2018 年	2020 年	2019 年	2018 年
全省	38556	36546	33819	5.5	8.1	8.4
南昌市	46796	44136	40844	6.0	8.1	8.4
景德镇市	42283	40143	37183	5.3	8.0	8.5
萍乡市	40405	38502	35763	4.9	7.7	8.0
九江市	40337	38076	35265	5.9	8.0	8.2
新余市	42531	40610	37592	4.7	8.0	8.1
鹰潭市	39053	37151	34263	5.1	8.4	8.1
赣州市	37031	34826	32163	6.3	8.3	8.8
吉安市	39608	37543	34692	5.5	8.2	8.6
宜春市	36747	34831	32248	5.5	8.0	8.0
抚州市	36628	34518	31976	6.1	8.0	8.5
上饶市	39647	37456	34656	5.9	8.1	8.8

近三年各市农村居民人均可支配收入及增长率

地区	农村居民人均可支配收入(元)			农村居民人均可支配收入增长率(%)		
	2020 年	2019 年	2018 年	2020 年	2019 年	2018 年
全省	16981	15796	14460	7.5	9.2	9.2
南昌市	20921	19498	17866	7.3	9.1	9.2
景德镇市	19297	17985	16510	7.3	8.9	9.4
萍乡市	20831	19536	18012	6.6	8.5	8.5
九江市	17051	15772	14482	8.1	8.9	8.9
新余市	20747	19481	17993	6.5	8.3	8.5
鹰潭市	18873	17668	16145	6.8	9.4	9.6
赣州市	13036	11941	10782	9.2	10.8	11.0
吉安市	16491	15227	13820	8.3	10.2	10.2
宜春市	17588	16362	14975	7.5	9.3	8.9
抚州市	17385	16081	14767	8.1	8.9	8.9
上饶市	15888	14670	13346	8.3	9.9	9.6

三、县(市、区)域经济[①]

1. 总体情况

2020 年全省各县(市、区)国民经济指标具体数据见下页起横表。

① 本节人口数据因 2020 年第七次全国人口普查数据暂未发布,以 2019 年数据代替并计算人均 GDP,特此说明。

	经济总量（亿元）	排名（位）	人口数（万人）	排名（位）	国土面积（平方公里）	排名（位）	人均GDP（元）	排名（位）	财政总收入（亿元）	排名（位）	公共财政预算收入（亿元）	排名（位）	消费总额（亿元）	排名（位）	城镇居民人均可支配收入（元）	排名（位）	农村居民人均可支配收入（元）	排名（位）	工业增加值年增长率（%）	固定资产投资年增长率（%）
南昌县	1048.02	1	105.83	6	1811	42	99029	8	141.28	1	75.97	1	313.5	3	42793	14	23112	4	4.7	9.4
新建区	380.56	15	68.68	22	2160	31	55411	29	62.92	8	34.2	6	143.42	19	42542	17	21167	9	1.3	9
进贤县	290.13	23	72.2	19	1946	38	40185	59	36.09	23	19.98	20	116.34	27	39992	25	21438	5	-1.5	8.5
安义县	109.27	80	20.15	91	660	83	54230	32	19.27	64	11.88	58	24.56	95	37722	40	18924	36	5.2	10.1
东湖区	407.53	14	48.2	38	58	97	84550	12	85.36	4	13.92	48	380.93	1	48313	2	-	-	-	8.6
西湖区	592.42	4	49.56	37	35	99	119536	3	104.98	2	17.43	27	331.57	2	47711	3	-	-	6.2	8.1

续表

	经济总量（亿元）	排名（位）	人口数（万人）	排名（位）	国土面积（平方公里）	排名（位）	人均GDP（元）	排名（位）	财政总收入（亿元）	排名（位）	公共财政预算收入（亿元）	排名（位）	消费总额（亿元）	排名（位）	城镇居民人均可支配收入（元）	排名（位）	农村居民人均可支配收入（元）	排名（位）	工业增加值年增长率（%）	固定资产投资年增长率（%）
青云谱区	339.82	20	33.05	66	37	98	102820	7	42.56	16	10.64	66	246.2	8	46979	5	–	–	3.9	8.3
红谷滩区	665.1	2	60	27	175	94	110849	5	102.05	3	35.27	5	255.19	7	48600	1	20859	12	–	9.2
青山湖区	537.06	5	64	24	241	92	83916	13	63.05	7	14.78	41	240.59	9	47436	4	23742	3	2	8.8
修水县	257.01	27	89.3	8	4504	1	28780	85	26.87	36	17.01	31	126.9	24	32962	70	12684	84	0.5	9.2
武宁县	175.09	52	41.12	46	3722	4	42585	49	22.57	50	14.81	40	79.53	45	37861	38	18086	46	0.3	9
瑞昌市	267.15	26	46.59	40	1419	60	57337	26	40.76	19	24.56	12	85.7	39	38324	37	18454	41	5.3	9.5

续表

	经济总量（亿元）	排名（位）	人口数（万人）	排名（位）	国土面积（平方公里）	排名（位）	人均GDP（元）	排名（位）	财政总收入（亿元）	排名（位）	公共财政预算收入（亿元）	排名（位）	消费总额（亿元）	排名（位）	城镇居民人均可支配收入（元）	排名（位）	农村居民人均可支配收入（元）	排名（位）	工业增加值年增长率（%）	固定资产投资年增长率（%）
都昌县	215.79	39	82.28	14	2670	16	26227	88	16.7	71	9.36	72	93.07	33	30001	87	10515	95	2.4	8.7
湖口县	245.36	30	29.93	77	674	82	81986	14	37.59	22	20.67	17	55.16	62	40009	24	18659	38	5.6	9.4
彭泽县	174.31	55	38.34	50	1534	56	45462	41	29.24	30	20.04	19	51.06	64	36511	52	18113	45	5.3	9.7
永修县	250.62	29	39.94	49	2035	36	62750	22	30.76	26	18.9	22	78.02	46	38346	36	19051	34	5.5	9.6
德安县	149.64	67	16.22	97	862	79	92271	9	23.68	46	12.9	51	39.29	76	39376	30	19476	29	5.5	9.5
共青城市	171.47	58	22	89	310	91	77941	16	37.63	21	17.7	26	55.9	61	39810	26	19048	35	3.9	8.9

续表

	经济总量（亿元）	排名（位）	人口数（万人）	排名（位）	国土面积（平方公里）	排名（位）	人均GDP（元）	排名（位）	财政总收入（亿元）	排名（位）	公共财政预算收入（亿元）	排名（位）	消费总额（亿元）	排名（位）	城镇居民人均可支配收入（元）	排名（位）	农村居民人均可支配收入（元）	排名（位）	工业增加值年增长率（%）	固定资产投资年增长率（%）
庐山市	145.03	68	24.76	81	641	85	58565	24	25.59	42	20.48	18	62.93	57	37200	43	17792	49	4.4	8.4
柴桑区	177.53	51	33.79	63	911	78	52532	33	25.53	43	15.07	38	46.14	66	38367	35	18531	40	5.4	9.5
浔阳区	350.07	18	32.45	68	26	100	107877	6	30.07	28	12.38	54	188.13	10	43845	9	–	–	5.4	8.3
濂溪区	295.6	22	26.11	80	370	89	113226	4	30.04	29	17.36	28	106.61	31	43196	12	21161	10	5.7	9.1
乐平市	353.26	17	85.6	10	1983	37	41269	52	47.26	13	32.13	7	148.1	18	39214	31	19150	33	4.5	8.5
浮梁县	141.87	70	31.95	71	2851	11	44404	43	13.34	80	8.39	80	22.3	98	34579	62	19547	27	4.6	10.6

续表

	经济总量（亿元）	排名（位）	人口数（万人）	排名（位）	国土面积（平方公里）	排名（位）	人均GDP（元）	排名（位）	财政总收入（亿元）	排名（位）	公共财政预算收入（亿元）	排名（位）	消费总额（亿元）	排名（位）	城镇居民人均可支配收入（元）	排名（位）	农村居民人均可支配收入（元）	排名（位）	工业增加值年增长率（%）	固定资产投资年增长率（%）
昌江区	236.75	33	16.55	96	405	88	143051	1	18.22	67	6.8	88	110.9	30	43621	11	20007	22	3.6	10.3
珠山区	225.26	36	33.95	60	111	96	66351	19	22.89	49	7.1	85	171.6	13	44334	8	–	–	2	10.3
安源区	228.35	34	47.72	39	212	93	47849	38	47.3	12	28.66	10	170.52	14	42879	13	23885	2	4.9	8
湘东区	127.72	75	37.28	51	853	80	34257	76	22.37	54	12.82	53	22.43	97	40578	22	21219	8	4.6	7.8
芦溪县	115.39	77	26.99	79	963	75	42749	48	18.41	66	11.92	57	35.11	80	37528	41	21068	11	4.8	8.3
上栗县	168.52	60	45.95	41	712	81	36676	70	26.59	37	15.88	34	37.68	77	37770	39	20534	14	4.8	8.4

续表

	经济总量（亿元）	排名（位）	人口数（万人）	排名（位）	国土面积（平方公里）	排名（位）	人均GDP（元）	排名（位）	财政总收入（亿元）	排名（位）	公共财政预算收入（亿元）	排名（位）	消费总额（亿元）	排名（位）	城镇居民人均可支配收入（元）	排名（位）	农村居民人均可支配收入（元）	排名（位）	工业增加值年增长率（%）	固定资产投资年增长率（%）
莲花县	63.96	98	24.67	82	1062	74	25925	89	10.64	92	6.16	96	23.42	96	28394	95	12843	78	5	7.6
分宜县	188.12	48	32.05	70	1389	61	58696	23	25.74	41	15.04	39	73.94	47	36361	53	20168	17	8.4	8.9
渝水区	610.58	3	70.25	21	1789	43	86915	10	43.53	15	23.16	15	268.01	6	43722	10	21275	7	4.4	7.6
贵溪市	506.17	8	58.81	29	2493	20	86069	11	68.76	6	39.18	3	112.26	28	39590	28	18869	37	4.2	9
余江区	164.45	62	40.31	48	931	76	40796	55	25.96	39	14.22	45	80.6	44	36600	50	19543	28	4.2	9.5
月湖区	312.04	21	23.51	85	136	95	132726	2	17.28	69	11.32	62	150.26	17	42704	15	20011	21	4.5	10.5

续表

	经济总量（亿元）	排名（位）	人口数（万人）	排名（位）	国土面积（平方公里）	排名（位）	人均GDP（元）	排名（位）	财政总收入（亿元）	排名（位）	公共财政预算收入（亿元）	排名（位）	消费总额（亿元）	排名（位）	城镇居民人均可支配收入（元）	排名（位）	农村居民人均可支配收入（元）	排名（位）	工业增加值年增长率（%）	固定资产投资年增长率（%）
章贡区	521.94	7	76.9	17	591	86	67873	18	45.83	14	22.68	16	311.02	4	44501	7	18593	39	6.5	9
赣县区	202.28	44	65.88	23	2993	7	30704	83	26.3	38	17.32	30	83.28	41	33287	69	12790	79	16.5	8.5
南康区	354.6	16	85.6	10	1772	44	41425	51	37.64	20	23.99	13	157.38	15	35608	57	13471	69	5.8	9.5
信丰县	244.94	31	77.93	16	2878	10	31431	80	22.42	53	12.88	52	45.81	69	34717	59	15625	60	23.7	8.5
大余县	110.94	79	31.03	73	1368	64	35752	74	13.3	81	9.62	69	45.94	67	32178	74	13972	65	5.6	7.5
上犹县	92.47	84	32.62	67	1544	55	28348	86	10.94	89	7.23	84	36.37	79	30278	86	12434	88	6.7	8.6

续表

	经济总量（亿元）	排名（位）	人口数（万人）	排名（位）	国土面积（平方公里）	排名（位）	人均GDP（元）	排名（位）	财政总收入（亿元）	排名（位）	公共财政预算收入（亿元）	排名（位）	消费总额（亿元）	排名（位）	城镇居民人均可支配收入（元）	排名（位）	农村居民人均可支配收入（元）	排名（位）	工业增加值年增长率（%）	固定资产投资年增长率（%）
崇义县	89.15	86	21.66	90	2197	28	41159	53	13.61	78	9.37	71	29.31	90	31361	79	12449	87	13.8	8.2
安远县	92.12	85	40.68	47	2375	24	22645	96	10.36	95	6.63	90	42.29	72	28229	97	12302	89	12.9	7.6
龙南市	171.52	57	33.87	62	1641	50	50641	35	23.45	47	15.3	37	45.91	68	34713	60	13683	67	9.3	8
全南县	86.96	88	19.72	92	1521	57	44097	44	10.44	94	7.24	83	40.89	74	30600	83	10717	94	13.7	8.6
定南县	87.07	87	22.23	88	1317	67	39168	61	12.42	84	8.9	75	30.09	88	32744	71	11886	92	25.7	8
兴国县	201.11	45	85.65	9	3215	5	23480	95	21.28	56	9.13	73	85.35	40	31824	76	13049	72	15	9.4

续表

	经济总量(亿元)	排名(位)	人口数(万人)	排名(位)	国土面积(平方公里)	排名(位)	人均GDP(元)	排名(位)	财政总收入(亿元)	排名(位)	公共财政预算收入(亿元)	排名(位)	消费总额(亿元)	排名(位)	城镇居民人均可支配收入(元)	排名(位)	农村居民人均可支配收入(元)	排名(位)	工业增加值年增长率(%)	固定资产投资年增长率(%)
宁都县	219.31	38	85.06	12	4053	3	25783	90	13.45	79	9	74	86.17	37	27883	98	12706	81	10.1	8.5
于都县	279.43	25	111.97	4	2893	9	24956	93	22.5	51	14.23	44	101.05	32	33342	66	13037	74	15.2	8.5
瑞金市	174.69	53	71.01	20	2448	21	24601	94	25.13	44	14.54	43	90.24	34	34792	58	13655	68	7.9	9.2
会昌县	134.35	73	53.16	34	2722	14	25273	91	14.88	73	10.35	68	51.37	63	30803	82	13098	70	20.9	7.8
寻乌县	102.68	81	33.19	65	2351	25	30937	82	10.01	97	6.56	91	30.57	87	30295	85	13077	71	6.1	9
石城县	84.42	92	33.45	64	1582	52	25238	92	10.46	93	6.37	93	33.46	83	28779	92	12042	90	11.2	8.5

续表

	经济总量（亿元）	排名（位）	人口数（万人）	排名（位）	国土面积（平方公里）	排名（位）	人均GDP（元）	排名（位）	财政总收入（亿元）	排名（位）	公共财政预算收入（亿元）	排名（位）	消费总额（亿元）	排名（位）	城镇居民人均可支配收入（元）	排名（位）	农村居民人均可支配收入（元）	排名（位）	工业增加值年增长率（%）	固定资产投资年增长率（%）
袁州区	456.81	11	108.71	5	2538	17	42022	50	41.49	17	23.62	14	282.64	5	40935	21	17296	52	4.9	8.7
樟树市	424.74	13	56.69	32	1289	69	74921	17	62.89	9	36.35	4	111.88	29	39656	27	19865	23	5.2	8.1
丰城市	535.22	6	139.64	1	2837	12	38329	66	80.86	5	48.57	2	138.38	21	38982	34	20070	19	4.6	7.6
靖安县	67.04	97	15.38	98	1377	62	43581	46	10.86	90	6.68	89	21.14	100	34056	63	16824	53	4.5	8.7
奉新县	191.97	46	33.93	61	1648	49	56586	27	27.22	35	15.65	36	56.77	60	36956	45	19560	26	4	7.2
高安市	468.45	10	84.38	13	2429	22	55516	28	51.41	11	31.61	8	124.84	25	37371	42	19253	32	5.6	9

续表

	经济总量（亿元）	排名（位）	人口数（万人）	排名（位）	国土面积（平方公里）	排名（位）	人均GDP（元）	排名（位）	财政总收入（亿元）	排名（位）	公共财政预算收入（亿元）	排名（位）	消费总额（亿元）	排名（位）	城镇居民人均可支配收入（元）	排名（位）	农村居民人均可支配收入（元）	排名（位）	工业增加值年增长率（%）	固定资产投资年增长率（%）
上高县	225.17	37	35.21	58	1347	66	63956	21	33.58	24	18.83	23	49.96	65	36565	51	20402	15	4	8.1
宜丰县	154.55	65	29.98	76	1934	40	51551	34	20.01	62	11.67	61	37.12	78	36213	54	17990	47	5.8	8.8
铜鼓县	56.91	99	13.95	99	1552	54	40783	56	7.89	99	4.7	99	21.41	99	29326	91	11972	91	3.6	7
万载县	209.01	40	58.17	30	1718	46	35930	72	28.64	33	16.31	33	65.47	56	32466	73	14326	64	3.8	7.2
信州区	342.26	19	43.34	44	316	90	78968	15	30.18	27	18.07	24	188.08	11	42620	16	20113	18	2.5	9.5
广信区	289.86	24	72.7	18	2232	27	39871	60	28.98	31	16.88	32	139.81	20	32725	72	12686	83	4.8	9.6

续表

	经济总量（亿元）	排名（位）	人口数（万人）	排名（位）	国土面积（平方公里）	排名（位）	人均GDP（元）	排名（位）	财政总收入（亿元）	排名（位）	公共财政预算收入（亿元）	排名（位）	消费总额（亿元）	排名（位）	城镇居民人均可支配收入（元）	排名（位）	农村居民人均可支配收入（元）	排名（位）	工业增加值年增长率（%）	固定资产投资年增长率（%）
广丰区	451.89	12	78.15	15	1377	62	57821	25	55.87	10	29.96	9	127.03	23	42406	18	19377	31	4.7	9.8
玉山县	225.87	35	59.67	28	1732	45	37851	67	28.76	32	17.33	29	129.38	22	36776	48	18431	42	5.1	9.7
横峰县	86.44	89	19.19	94	654	84	45050	42	13.85	76	7.54	82	34.96	81	28621	93	12610	85	2.8	9
弋阳县	128.05	74	36.67	54	1574	53	34918	75	18.64	65	11.23	64	57.9	59	36039	55	16184	57	5.5	9.3
德兴市	165.96	61	30.45	75	2079	34	54500	31	40.82	18	27.72	11	68.46	52	39034	32	18154	44	4.4	9.1
婺源县	135.32	71	34.62	59	2968	8	39087	62	16.03	72	9.44	70	69.06	51	29888	90	15348	62	6.3	9.1

续表

	经济总量(亿元)	排名(位)	人口数(万人)	排名(位)	国土面积(平方公里)	排名(位)	人均GDP(元)	排名(位)	财政总收入(亿元)	排名(位)	公共财政预算收入(亿元)	排名(位)	消费总额(亿元)	排名(位)	城镇居民人均可支配收入(元)	排名(位)	农村居民人均可支配收入(元)	排名(位)	工业增加值年增长率(%)	固定资产投资年增长率(%)
铅山县	160.41	64	44.32	43	2178	30	36194	71	22.93	48	14.12	46	72.85	48	30575	84	15517	61	3.4	8.5
万年县	174.26	56	37.27	52	1150	73	46761	40	22.48	52	13.97	47	69.14	50	36658	49	16183	58	3.9	9.4
余干县	208.22	42	92.16	7	2350	26	22594	97	20.09	61	12.06	56	88.93	35	28426	94	12870	77	3.5	9.6
鄱阳县	255.81	28	134.75	2	4126	2	18983	100	20.68	58	13.5	49	151.08	16	27608	100	12702	82	4.6	9.2
吉州区	238.55	32	37.04	53	425	87	64410	20	19.59	63	11.25	63	120.69	26	42346	19	20038	20	5.6	10.7
青原区	125.5	76	23.01	87	915	77	54532	30	11.15	86	6.55	92	45.04	70	42004	20	16183	58	0.6	9.9

续表

	经济总量（亿元）	排名（位）	人口数（万人）	排名（位）	国土面积（平方公里）	排名（位）	人均GDP（元）	排名（位）	财政总收入（亿元）	排名（位）	公共财政预算收入（亿元）	排名（位）	消费总额（亿元）	排名（位）	城镇居民人均可支配收入（元）	排名（位）	农村居民人均可支配收入（元）	排名（位）	工业增加值年增长率（%）	固定资产投资年增长率（%）
井冈山市	75.47	96	17.25	95	1451	59	43760	45	10.66	91	6.89	87	42.9	71	39398	29	12872	76	5.1	9.8
吉安县	208.98	41	51.49	35	2118	33	40587	57	30.89	25	19.02	21	86.96	36	36955	46	13761	66	5.9	4.2
新干县	174.66	54	35.86	57	1246	72	48711	36	21.14	57	11.71	59	68.26	53	36992	44	18272	43	5.8	10.8
永丰县	190.9	47	49.65	36	2710	15	38451	65	22.04	55	13.01	50	69.53	49	35783	56	19385	30	5.2	10.5
峡江县	77.78	94	19.22	93	1294	68	40473	58	14.7	74	8.49	77	29.88	89	31486	77	15009	63	5.3	10
吉水县	181.1	50	57.09	31	2510	18	31724	79	20.16	60	11.69	60	85.95	38	33720	64	19605	25	5.2	8.6

续表

	经济总量（亿元）	排名（位）	人口数（万人）	排名（位）	国土面积（平方公里）	排名（位）	人均GDP（元）	排名（位）	财政总收入（亿元）	排名（位）	公共财政预算收入（亿元）	排名（位）	消费总额（亿元）	排名（位）	城镇居民人均可支配收入（元）	排名（位）	农村居民人均可支配收入（元）	排名（位）	工业增加值年增长率（%）	固定资产投资年增长率（%）
泰和县	202.37	43	60.57	26	2495	19	33413	78	25.03	45	15.73	35	83.01	42	33408	65	17811	48	5.1	10.2
万安县	93.09	83	32.13	69	2038	35	28973	84	13.87	75	8.44	79	33.79	82	30827	81	13049	72	5.4	10.2
遂川县	171.13	59	63	25	3102	6	27163	87	17.26	70	10.9	65	66.42	54	31476	78	12928	75	4.9	9.6
安福县	163.69	63	42.42	45	2778	13	38590	64	20.58	59	12.23	55	82.86	43	33334	67	17366	51	5.5	10.6
永新县	115.13	78	53.37	33	2181	29	21571	98	12.78	83	7.6	81	59.8	58	28272	96	12708	80	5.1	9.8

续表

	经济总量（亿元）	排名（位）	人口数（万人）	排名（位）	国土面积（平方公里）	排名（位）	人均GDP（元）	排名（位）	财政总收入（亿元）	排名（位）	公共财政预算收入（亿元）	排名（位）	消费总额（亿元）	排名（位）	城镇居民人均可支配收入（元）	排名（位）	农村居民人均可支配收入（元）	排名（位）	工业增加值年增长率（%）	固定资产投资年增长率（%）
临川区	486.14	9	113.16	3	2126	32	42962	47	25.76	40	14.61	42	186.16	12	45118	6	21304	6	4.6	8.8
南城县	152.97	66	31.69	72	1713	47	48263	37	17.57	68	10.37	67	40.75	75	39009	33	19646	24	4.8	8.3
黎川县	85.45	91	23.81	84	1709	48	35883	73	11.77	85	7	86	26.22	93	32093	75	16227	55	4.9	8.5
南丰县	142.39	69	29.84	78	1913	41	47712	39	13.82	77	8.63	76	33.37	84	36895	47	25204	1	4.6	8.5
崇仁县	134.53	72	36.25	55	1520	58	37108	68	12.9	82	8.49	77	30.82	85	33297	68	20657	13	5.1	9.2

续表

	经济总量(亿元)	排名(位)	人口数(万人)	排名(位)	国土面积(平方公里)	排名(位)	人均GDP(元)	排名(位)	财政总收入(亿元)	排名(位)	公共财政预算收入(亿元)	排名(位)	消费总额(亿元)	排名(位)	城镇居民人均可支配收入(元)	排名(位)	农村居民人均可支配收入(元)	排名(位)	工业增加值年增长率(%)	固定资产投资年增长率(%)
乐安县	76.02	95	35.87	56	2411	23	21193	99	9.8	98	6.28	95	41.33	73	27666	99	11834	93	5.3	9
宜黄县	85.91	90	23.24	86	1937	39	36961	69	11.15	86	6.08	97	29.02	92	30890	80	16534	54	5	8.9
金溪县	95.89	82	30.67	74	1353	65	31260	81	10.95	88	6.31	94	29.17	91	34599	61	17405	50	4.7	9.1
资溪县	44.97	100	11.58	100	1248	71	38824	63	5.78	100	3.2	100	25.55	94	29918	89	16225	56	4.5	8.7
广昌县	82.29	93	24.46	83	1603	51	33639	77	10.21	96	6	98	30.73	86	29954	88	12553	86	4.5	8.5
东乡区	185.94	49	45.43	42	1268	70	40927	54	27.71	34	17.84	25	66.13	55	40335	23	20293	16	4.7	8.2

2. 县域经济差异

①经济强县

- 全省县域 GDP 平均达到 229.42 亿元,有 81 个县(市、区)生产总值过 100 亿元,45 个过 200 亿元,21 个过 300 亿元,14 个过 400 亿元,8 个过 500 亿元(最高为南昌县:1048.02 亿元)。
- 中郡所 2020 年底发布了《第二十届县域经济与县域发展监测评价报告》,在全国县域经济与县域综合发展前 100 名名单中,江西省有 6 个县(市)入榜,其他中部省份为:安徽 6 个,河南 1 个,湖北 8 个,湖南 5 个。南昌县由上年排名第 25 位升至第 21 位。这也是该县自 2008 年进入全国百强县以来,连续 13 年跻身全国百强县,连续 12 年实现进位赶超。丰城市和贵溪市分别排名第 46 位和第 64 位。樟树市由上一年排名第 71 位升至第 69 位,高安市由上一年排名第 95 位升至第91位，乐平市首次上榜排名第93位。

②各县之间差异

●经济总量：最高的是南昌县达1048.02亿元，最少的资溪县仅44.97亿元，前者是后者的23.3倍。

●财政收入：最多的是南昌县141.28亿元，最少的是资溪县仅5.78亿元，前者是后者的24.44倍。

●工业增加值年增长率：最高的是定南县25.7%，最低的是进贤县为-1.5%。

●社会消费品零售总额：最多的是南昌市东湖区380.93亿元，最少的是靖安县仅21.14亿元，前者是后者的18.02倍。

●固定资产投资年增长率：最高的是新干县10.8%，最低的是吉安县4.2%。

●人均GDP：最高的是景德镇市昌江区，达143051元，最低的是鄱阳县仅18983元，前者是后者的7.54倍。

●城镇居民人均可支配收入:最高的是南昌市红谷滩区,达 48600 元,最低的是鄱阳县仅 27608 元,前者是后者的 1.76 倍。

●农村居民人均可支配收入:最高的是南丰县,达 25204 元,最低的是都昌县仅 10515 元,前者是后者 2.4 倍。

专题资料篇

一、江西全面建成小康社会取得决定性成就

●经济实力明显增强。

◆地区生产总值跨越2万亿元大关，全国排名上升到第15位，比“十二五”末提升3位；

◆人均地区生产总值超过8000美元、达到中等偏上收入国家（地区）水平（世界银行标准）；

◆财政总收入突破4000亿元，社会消费品零售总额突破1万亿元。

●产业结构明显优化。

◆三次产业结构调整为8.7∶43.2∶48.1；

◆制造业高质量发展指数升至全国第13位；

◆高新技术产业增加值占规模以上工业增加值比重为 38.2%;

◆数字经济增加值占地区生产总值比重达 30%左右;

◆上市公司实现设区市全覆盖。

●城乡面貌明显改观。

◆高速公路通车里程比“十二五”末增长 20%,达 6234.1 公里,高速铁路通车里程翻番,电力装机容量增长 122.2%,实现高速铁路“市市通”、高速公路“县县通”、动力电“村村通”、水泥(油)路“组组通”;

◆窄带物联网实现省域全覆盖,5G 基站实现设区市主城区全覆盖。

●生态质量明显提升。

◆国家生态文明试验区建设 38 项重点改革任务全部完成,35 项改革举措及经验做法列入国家推广清单;

◆国家森林城市、园林城市实现设区市全

覆盖；

◆“十三五”节能减排目标全面实现。

●人民生活明显改善。

◆全省城乡居民人均可支配收入提前一年实现比2010年翻番目标；

◆全省25个贫困县全部“摘帽”、3058个贫困村全部退出、88.61万城镇贫困群众有效解困，区域性整体贫困和群众绝对贫困问题得到历史性解决。困扰贫困群众的住房难、喝水难、上学难、看病难等突出问题得到解决，失能弱能贫困群体基本生活保障全面兜牢；

◆人均预期寿命由2015年的73岁提高到77.2岁。

二、江西省疫情防控取得重大战略成果

●新冠肺炎疫情发生后,及时启动重大突发公共卫生事件Ⅰ级响应。

◆在省委应对疫情工作领导小组统一指挥下,建立疫情联防联控机制;

◆坚持中西医结合,全力救治感染患者,强化防疫和生活物资保障,筑起全民钢铁防线;

◆用 14 天时间初步遏制了疫情蔓延势头;

◆用 27 天时间将本土每日新增病例控制在个位数以内;

◆用 51 天时间将住院确诊病例全部清零;

◆2020 年 3 月 11 日清零以来未出现本土新增确诊病例。

●按照“外防输入、内防反弹”要求加强常态化疫情防控。

◆在全国较早以县域为单元实行分区分级差异化防控；

◆在全国率先取消公路卡点，及时解决社区(村组)封闭式管控；

◆取消返岗健康证明和不必要的隔离措施，推动复工复产复市复学走在全国前列；

◆派出11批次13支医疗队1271人驰援武汉、随州，派出联合工作组援助乌兹别克斯坦，为打赢武汉保卫战、湖北保卫战和全球抗疫作出了江西贡献。

●统筹疫情防控和经济社会发展。

◆及时出台应对疫情稳增长、“六稳”“六保”等四个“20条”为主体的政策体系；

◆围绕患者救治、医护待遇、防疫物资生产、复工复产等方面快速出台57项财税支持政策；

◆筹集 70.4 亿元资金,支持落实常态化疫情防控各项措施;

◆全年为企业减负 1960 亿元,其中新增政策减负 550 亿元;

◆下达抗疫特别国债资金 190 亿元。

三、2021 年江西经济社会发展目标及任务

●全省经济社会工作主要预期目标

◆地区生产总值增长 8% 左右；

◆财政总收入增长 6% 左右，一般公共预算收入增长 5% 左右；

◆规模以上工业增加值增长 8.5% 左右；

◆固定资产投资增长 8.5% 左右；

◆社会消费品零售总额增长 9% 左右；

◆实际利用外资增长 6% 左右；

◆城镇、农村居民人均可支配收入分别增长 8% 和 8.5% 左右；

◆居民消费价格总水平涨幅 3% 左右；

◆城镇调查失业率 5.5% 左右；

◆节能减排降碳完成国家下达任务。

●重点任务

◆推动创新提速提效,加快实现创新驱动的内涵式增长。坚持创新在现代化建设全局中的核心地位,深入实施创新驱动发展战略,依靠创新提升实体经济发展水平。

◆积极构建现代产业体系,提升产业链供应链稳定性和竞争力。以产业链链长制为抓手,深入实施工业强省战略,促进产业链供应链创新链融合发展。

◆有效实施扩大内需战略,促进形成更高水平供需动态平衡。坚持扩大内需战略基点,提升供需适配性,在培育完整内需体系中展现更大作为。

◆全面深化改革攻坚,推动有效市场和有为政府更好结合。更大力度深化改革,实施新一轮优化提升营商环境行动,持续增强发展内生活力。

◆加快内陆开放型经济试验区建设,增创

合作共赢发展新优势。实行更高水平开放,在畅通国内大循环、联通国内国际双循环中发挥更大作用。

◆推进区域城乡协调发展,开创互促共进新局面。大力实施区域协调发展战略,健全城乡融合发展体制机制,强化高质量跨越式发展的板块支撑。

◆健全生态环境治理体系,促进经济社会全面绿色发展。坚持绿水青山就是金山银山理念,深化国家生态文明试验区建设,更高标准打造美丽中国“江西样板”。

◆在更高起点上保障和改善民生,提高人民群众生活品质。办好51件民生实事,进一步增强全省人民获得感幸福感安全感。

四、我省第十四个五年规划和二〇三五年远景目标

●“十四五”时期全省经济社会发展的具体目标。

◆经济综合实力实现新跨越。主要经济指标增速保持全国“第一方阵”,地区生产总值年均增长7%左右,总量迈上3万亿元台阶、向4万亿元迈进。人均地区生产总值与全国平均水平的差距进一步缩小。

◆发展质量效益实现新提升。R&D经费投入年均增长14%,综合科技创新水平达到全国中上游水平。三次产业比例进一步优化调整为7.5:41.5:51。

◆发展动力活力得到新增强。社会主义市

场经济体制更加完善，高标准市场体系基本建成，市场主体更加充满活力。

◆区域城乡融合实现新进展。大南昌都市圈地区生产总值占全省比重稳步提升，对全省的辐射带动力明显提升；赣州省域副中心城市和赣东、赣西区域中心城市综合实力明显增强。乡村振兴战略全面推进，城乡融合发展体制机制更加完善。

◆生态文明建设取得新成效。生态环境质量继续保持全国一流水平。“绿水青山”和“金山银山”双向转化通道更加顺畅，绿色发展水平走在全国前列。

◆社会文明程度实现新提高。红色、绿色、古色文化标识更加鲜明，赣鄱文化软实力进一步提升。

◆民生福祉改善迈出新步伐。脱贫攻坚成果得到巩固拓展。城镇调查失业率控制在5.5%左右，居民人均可支配收入年均增长6.7%左右,其中城镇居民人均可支配收入年均增长6.5%左右,农村居民人均可支配收入年均增长7%左右。

◆省域治理水平跃上新台阶。“忠诚型、创新型、担当型、服务型、过硬型”政府建设取得更大成效,政府治理效能不断提升。社会治理成效保持全国一流水平,基层治理水平明显提高,公众安全感满意度达到98.3%左右。

●上述“八新目标”概括为“五个一流、三个高地、七大产业重要基地”。

◆五个一流:发展态势和成效力争达到全国一流,营商环境进入全国一流水平行列,城乡人居环境达到全国一流水平,生态环境质量继续保持全国一流水平,社会治理成效保持全国一流水平;

◆三个高地:打造全国传统产业转型升级高地、新兴产业培育发展高地,加快打造内陆双向开放高地；

◆七大产业重要基地：加快建设国家绿色有机农产品、数字经济、有色金属、航空等装备制造、新能源新材料、中医药、文化和旅游等产业重要基地。

●我省“十四五”时期发展11个方面重点任务

“六个求突破”：

◆要大力推进以科技创新为核心的全面创新，在建设创新型省份上求突破；

◆要加快发展现代产业体系，在做实做强做优做大优势产业上求突破；

◆要深入实施扩大内需战略，在畅通经济循环上求突破；

◆要加快深层次市场化改革，在优化营商环境上求突破；

◆要高标准高质量建设江西内陆开放型经济试验区，在推进内陆高水平双向开放上求突破；

◆要协同推进区域发展和新型城镇化,在培育区域经济动力源上求突破。

"五个走前列":

◆要优先发展农业农村,在全面推进乡村振兴上走前列;

◆要高标准打造美丽中国"江西样板",在生态文明建设上走前列;

◆要大力提升赣鄱文化软实力,在文化传承创新上走前列;

◆要提升民生改善和社会治理水平,在增进老区人民福祉上走前列;

◆要统筹发展和安全,在推动更高水平平安建设上走前列。

●二〇三五年远景目标:

◆江西将与全国同步基本实现社会主义现代化。

◆全省经济总量和城乡居民人均收入将迈上新的大台阶。基本实现新型工业化、信息化、城镇化、农业现代化,加快建设科技强省、工业强省、农业强省、旅游强省，建成具有江西特色的现代化经济体系。

◆省域治理体系和治理能力现代化基本实现，法治江西基本建成。

◆全面建成江西内陆开放型经济试验区，形成内外并举、全域统筹、量质双高的开放新格局。

◆文化强省、教育强省、人才强省、健康江西建设取得更大成效，居民素质和社会文明程度达到新高度，赣鄱文化软实力显著增强。

◆高标准建成美丽中国“江西样板”，人与自然和谐共生，生态环境质量保持全国前列。

◆人均地区生产总值基本达到中等发达国家水平，中等收入群体显著扩大，基本公共服务实现均等化，城乡区域发展差距和居民生活水平差距显著缩小。

◆平安江西建设达到更高水平,共建共治共享的社会发展新局面基本形成,社会充满活力又和谐有序。

◆老区人民生活更加美好,人的全面发展、全体人民共同富裕取得更为明显的实质性进展。

比较资料篇

一、在全国的位置

1. 全国情况

①国家统计局公布2020年我国全国经济运行数据

●GDP:1015986亿元,增长:2.3%。

●三产比重:7.7:37.8:54.5。

●公共财政预算收入:182895亿元,增长:-3.9%。

◆其中税收收入:154310亿元,增长:-2.3%。

●全年城镇新增就业:1186万人。

●城镇登记失业率:4.2%,比上年上升0.6个百分点%。

●全年农民工总量:28560万人,比上年下降1.8%。

◆其中外出农民工:16959万人,比上年下降2.7%。

●粮食总产量:66949万吨,增产0.9%。

●工业增加值:全年全部工业增加值:313071亿元,比上年增长2.4%,规模以上工业增加值增长2.8%,增速比上年下降2.9个百分点。

●全社会固定资产投资:527270亿元,增长2.7%,增速比上年下降2.4个百分点。

◆新建高速铁路投产里程2521公里。

◆新改建高速公路里程12713公里。

◆房地产开发投资:141443亿元,增长7%,增速比上年下降2.9个百分点。

◆全年全国城镇棚户区住房改造开工209万套,基本建成203万套。全年全国农村地区建档立卡贫困户危房改造74.21万户。

●全年社会消费品零售总额391981亿元,比上年下降3.9%。

●全年实物商品网上零售额97590亿元,比上年增长14.8%。

●全年货物进出口总额321557亿元，比上年增长1.9%。

◆其中，对"一带一路"沿线国家进出口总额93696亿元，比上年增长1%。

●实际使用外商直接投资金额10000亿元（折1444亿美元），增长6.2%。其中"一带一路"沿线国家对华直接投资新设立企业4294家，下降23.2%。

●全年货物运输总量463.4亿吨，货物运输周转量196618.3亿吨公里。

●年末广义货币供应量（M2）余额218.7万亿元，比上年末增长10.1%。

●全年沪深交易所A股累计筹资15417亿元，比上年增加1883亿元。其中：首次公开发行A股394只，筹资4742亿元。

●全年全国居民人均可支配收入32189元，比上年增长4.7%，扣除价格因素，实际增长2.1%。

◆城镇居民人均可支配收入43834元，比上年增长3.5%，扣除价格因素，实际增长 1.2%。

◆农村居民人均可支配收入 17131 元,比上年增长 6.9%,扣除价格因素,实际增长 3.8%。

②2020 年全国国内生产总值构成

指标	绝对额(亿元)	比上年同期增长(%)
国内生产总值	1015986	2.3
第一产业	77754	3
第二产业	384255	2.6
第三产业	553977	2.1

③近 3 年全国国内生产总值及增长速度

年份	2018	2019	2020
国内生产总值(亿元)	900309	990865	1015986
比上年增长(%)	6.6	6.1	2.3

④近 3 年全国公共财政预算收入及增长速度

年份	2018	2019	2020
公共财政预算收入（亿元）	183352	190382	182895
比上年增长（%）	6.2	3.8	-3.9

⑤近 3 年全国税收收入及增长速度

年份	2018	2019	2020
税收收入（亿元）	156401	157992	154310
比上年增长（%）	8.3	1	-2.3

⑥近 3 年全国粮食产量

年份	2018	2019	2020
粮食产量（万吨）	65789	66384	66949

⑦近 3 年全国全部工业增加值及增长速度

年份	2018	2019	2020
工业增加值（亿元）	301089	311859	313071
比上年增长（%）	6.1	5.7	2.4

⑧近3年全国固定资产投资总额及增长速度

年份	2018	2019	2020
固定资产投资总额(亿元)	645675	560874	527270
比上年增长(%)	5.9	5.1	2.7

⑨近3年全国社会消费品零售总额及增长速度

年份	2018	2019	2020
社会消费品零售总额(亿元)	377783	408017	391981
比上年增长(%)	9.0	8.0	-3.9

⑩近3年全国广义货币M2供应量余额及增长速度

年份	2018	2019	2020
广义货币M2供应量余额(万亿元)	182.7	198.6	218.7
比上年增长(%)	8.1	8.7	10.1

2. 全国各省情况

①2020 年全国各地地区生产总值比较

地区 (按生产总值)	生产总值 (亿元)	地区 (按生产总值)	生产总值 (亿元)
1. 广东	110760.94	17. 重庆	25002.79
2. 江苏	102719	18. 云南	24521.9
3. 山东	73129	19. 广西	22156.69
4. 浙江	64613	20. 贵州 ↑(22)	17826.56
5. 河南	54997.07	21. 山西	17651.97
6. 四川	48598.8	22. 内蒙古 ↓(20)	17360
7. 福建 ↑(8)	43903.89	23. 天津	14083.73
8. 湖北 ↓(7)	43443.46	24. 新疆 ↑(25)	13797.58
9. 湖南	41781.49	25. 黑龙江 ↓(24)	13698.5

续表

地区（按生产总值）	生产总值（亿元）	地区（按生产总值）	生产总值（亿元）
10. 上海	38700.59	26. 吉林	11726.8
11. 安徽	38680.6	27. 甘肃	8718.3
12. 河北 ↑(13)	36206.9	28. 海南	5308.94
13. 北京 ↓(12)	36102.6	29. 宁夏	3748.48
14. 陕西	26181.86	30. 青海	2965.95
15. 江西 ↑(16)	25691.5	31. 西藏	1902.74
16. 辽宁 ↓(15)	25115		

注:表中“↑、↓”为 2020 年排位变化趋势,(　)内数值为 2019 年排名数。

●第一梯队格局相对稳定，继广东之后，江苏首次迈入“10 万亿元俱乐部”。

从经济总量看，广东、江苏、山东、浙江、河南稳居前五格局未变。其中：广东 GDP 总量突破 11 万亿大关，达到 110760.94 亿元，以绝对优势雄踞榜首；江苏 GDP 首次突破“10 万亿俱乐部”，达到 102719 亿元。山东、浙江、河南 GDP 总量分别位居全国第三位、第四位和第五位，分别属于“7 万亿俱乐部”“6 万元俱乐部”和“5 万亿元俱乐部”。

此外，还有多个省份经济总量实现重要跨越。其中，福建 GDP 达到 43903.89 亿元，上升至全国第 7 位。安徽 GDP 达到 38680.6 亿元，上升至全国第 11 位。

内蒙古经济总量在全国排位变化较为明显，由 2019 年全国排位的第 20 位下降至全国的第 22 位。江西、辽宁、重庆、云南四省市，以及广西、贵州、山西、内蒙古等省区经济总量相近，你追我赶竞争态势明显。

甘肃、海南、宁夏、青海和西藏这5个省区的GDP尚未突破1万亿元,特别是宁夏、青海和西藏3个省区的GDP不足5000亿元。

②2020年全国各地地区生产总值增幅及排名

地区	地区生产总值增幅(%)	地区	地区生产总值增幅(%)
1. 西藏	7.8	17. 海南	3.5
2. 贵州	4.5	18. 新疆	3.4
3. 云南	4	19. 福建	3.3
4. 重庆	3.9	20. 吉林	2.4
4. 安徽	3.9	21. 广东	2.3
4. 河北	3.9	22. 陕西	2.2
4. 宁夏	3.9	23. 上海	1.7
4. 甘肃	3.9	24. 天津	1.5
9. 四川	3.8	24. 青海	1.5
9. 湖南	3.8	26. 河南	1.3
9. 江西	3.8	27. 北京	1.2

续表

地 区	地区生产总值增幅(%)	地 区	地区生产总值增幅(%)
12. 江苏	3.7	28. 黑龙江	1
12. 广西	3.7	29. 辽宁	0.6
14. 浙江	3.6	30. 内蒙古	0.2
14. 山东	3.6	31. 湖北	-5
14. 山西	3.6		

●吉林、广东和陕西的 GDP 增速基本与全国持平,西藏、贵州、云南、重庆、安徽、河北、宁夏、甘肃、四川、湖南、江西、江苏、广西、浙江、山东、山西、海南、新疆、福建 19 个省份的 GDP 增速超过了全国水平。

其中,西藏以 7.8% 的增速位列全国第 1,贵州、云南分别以 4.5%、4% 的增速位列第 2、第 3;江西经济增速居全国第 9,与湖南并列中部第 2 位。

从区域格局来看,西部地区抢眼,GDP 增速前三名西藏、贵州、云南全部属于西部地区。在东北三省中,辽宁、黑龙江、吉林分别增速为0.6%、1%和2.4%,分别位列全国第29位、第28位和第20位。湖北以-5%的增速垫底。

③2020年全国各地人口数比较

地区	常住人口数（人）	地区	常住人口数（人）
1. 广东	126012510	17. 贵州	38562148
2. 山东	101527453	18. 山西	34915616
3. 河南	99365519	19. 重庆	32054159
4. 四川	83674866	20. 黑龙江	31850088
5. 江苏	84748016	21. 新疆	25822345
6. 河北	74610235	22. 甘肃	25019831
7. 湖南	6644864	23. 上海	24870895
8. 浙江	64567588	24. 吉林	24073453
9. 安徽	61027171	23. 内蒙古	24049155
10. 湖北	57752557	26. 北京	21893095
11. 广西	50126804	27. 天津	13866009
12. 云南	47209277	28. 海南	10081232
13. 江西	45188635	29. 宁夏	7202654
14. 辽宁	42591407	30. 青海	5923957
15. 福建	41540086	31. 西藏	3648100
16. 陕西	39528999		

●表格中人口数据指常住人口数，来源全国第七次人口普查公报。

④2020 年全国各地地方财政一般公共预算收入比较

地区	一般公共预算收入（亿元）	地区	一般公共预算收入（亿元）
1. 广东	12921.97	17. 陕西 ↑(18)	2116.7
2. 江苏	9059	18. 云南 ↑(20)	2116.69
3. 浙江 ↑(4)	7248	19. 重庆	2094.8
4. 上海 ↓(3)	7046.3	20. 内蒙古 ↑(21)	2051.3
5. 山东	6559.9	21. 天津 ↓(18)	1923.05
6. 北京	5483.9	22. 贵州 ↑(23)	1786.78
7. 福建	5158.35	23. 广西 ↓(22)	1716.94

续表:

地区	一般公共预算收入(亿元)	地区	一般公共预算收入(亿元)
8. 四川	4258	24. 新疆	1477.21
9. 河南	4155.22	25. 海南 ↑(28)	1350.58
10. 河北	3826.4	26. 黑龙江 ↓(25)	1152.5
11. 安徽 ↑(12)	3216	27. 吉林 ↓(26)	1085
12. 湖南 ↑(13)	3008.7	28. 甘肃 ↓(27)	874.5
13. 辽宁 ↑(14)	2655.5	29. 青海 ↑(30)	462.13
14. 湖北 ↓(11)	2511.52	30. 宁夏 ↓(29)	419.4
15. 江西	2507.5	31. 西藏	220.98
16. 山西 ↑(17)	2296.5		

●注:表中地区按"地方财政一般公共预算收入"降序排序,如与各省(市、区)统计局最新数据有出入,以最新数据为准。

⑤2020 年全国各地城镇居民人均可支配收入

地区	城镇居民人均可支配收入(元)	地区	城镇居民人均可支配收入(元)
1. 上海	76437	17. 陕西 ↑(19)	37868
2. 北京	75602	18. 云南 ↓(17)	37500
3. 浙江	62699	19. 河北 ↑(21)	37286
4. 江苏	53102	20. 海南	37097
5. 广东	50257	21. 湖北 ↓(13)	36706
6. 天津	47659	22. 贵州 ↑(24)	36096
7. 福建	47160	23. 广西 ↓(22)	35859
8. 山东	43726	24. 宁夏 ↑(25)	35720
9. 湖南 ↑(10)	41698	25. 青海 ↑(27)	35506

续表

地区	城镇居民人均可支配收入(元)	地区	城镇居民人均可支配收入(元)
10. 内蒙古 ↓(9)	41353	26. 新疆 ↓(23)	34838
11. 西藏 ↑(15)	41156	27. 山西 ↑(28)	34793
12. 辽宁 ↓(11)	40376	28. 河南 ↑(27)	34750
13. 重庆 ↓(12)	40006	29. 甘肃	33822
14. 安徽	39442	30. 吉林	33396
15. 江西 ↑(16)	38556	31. 黑龙江	31115
16. 四川 ↑(18)	38253		

●注:表中地区按“城镇居民人均可支配收入”降序排序,如与各省(市、区)统计局最新数据有出入,以最新数据为准。

⑥2020 年全国各地农村居民人均可支配收入比较

地 区	农村人均可支配收入(元)	地 区	农民人均可支配收入(元)
1. 上海	34911	17. 黑龙江 ↑(18)	16168
2. 浙江	31930	18. 河南 ↓(15)	16108
3. 天津	25691	19. 吉林	16067
4. 江苏	24198	20. 四川	15929
5. 福建	20880	21. 广西	14815
6. 广东	20143	22. 西藏 ↑(26)	14598
7. 山东	18753	23. 新疆	14056
8. 辽宁 ↑(10)	17450	24. 宁夏 ↑(25)	13889
9. 江西 ↑(11)	16981	25. 山西 ↓(24)	13878
10. 安徽 ↑(14)	16620	26. 陕西	13316

续表

地 区	农村人均可支配收入(元)	地 区	农民人均可支配收入(元)
11. 湖南 ↑(12)	16585	27. 云南	12842
12. 内蒙古 ↑(18)	16567	28. 青海	12342
13. 河北	16467	29. 贵州	11642
14. 重庆 ↑(19)	16361	30. 甘肃	10344
15. 湖北 ↓(9)	16306		
16. 海南 ↑(15)	16279		

●注:表中地区按“农村居民人均可支配收入”降序排序,如与各省(市、区)统计局最新数据有出入,以最新数据为准。北京市从2018年起不再公布农村居民人均可支配收入。

3. 江西与全国比较

①近 5 年江西生产总值占全国比重

项目	年份	江西	全国	比重
生产总值（亿元）	2016	18364.4	744127	2.47%
	2017	20818.5	827122	2.52%
	2018	21984.8	900309	2.44%
	2019	24757.5	990865	2.50%
	2020	25691.5	1015986	2.53%

②近 5 年江西生产总值增速全国比较

项目	年份	江西	全国
生产总值比上年增长(%)	2016	9.0	6.7
	2017	8.9	6.9
	2018	8.7	6.6
	2019	8.0	6.1
	2020	3.8	2.3

③近 5 年江西人均生产总值与全国比较

项目	年份	江西	全国
人均生产总值(元)	2016	40106	53980
	2017	45187	59600
	2018	47434	64644
	2019	53164	70892
	2020	5685	7196

④近 5 年江西城乡居民人均可支配收入与全国比较

项目	年份	江西	全国
城镇居民人均可支配收入(元)	2016	28673	33616
	2017	31198	36396
	2018	33819	39251
	2019	36546	42359
	2020	38556	43834
农村居民人均可支配收入(元)	2016	12138	12363
	2017	13242	13432
	2018	14460	14167
	2019	15796	16021
	2020	16981	17131

二、中部六省比较

①综合经济(GDP)

●2020 年,江西增速居中部六省第二位,但总量居中部六省第五位的格局并未变化。六省情况分别为:河南 54997.07 亿元(1.3%)、湖北 43443 亿元(-5%)、湖南 41781.5 亿元(3.8%)、安徽 38680.6 亿元(3.9%)、江西 25691.5 亿元(3.8%)、山西 17651.93 亿元(3.6%)。

②地方财政收入

●江西一般公共预算收入总量居中部六省第五位。河南省地方财政收入增长最快,增速为 2.8%。具体情况为:河南 4155.22 亿元(2.8%)、安徽 3216 亿元(1%)、湖南 3008.7 亿元(0.1%)、湖北 2511.52 亿元(-25.9%)、江西 2507.5 亿元(0.8%)、山西2296.5亿元(-2.2%)。

③投资(固定资产投资)

●江西增速居中部六省第二位,山西增速居中部六省第一位。按增速由高到低依次为:山西10.6%、江西8.2%、湖南7.6%、安徽5.1%、河南4.3%、湖北-18.8%。除湖北外,均高于全国2.7%的平均增速。

④实际利用外商直接投资

●江西增速和总量分别居中部六省第三位与第四位,山西增速居中部第一位。各省分别为:湖南210亿美元(16%)、河南200.65亿美元(7.1%)、安徽183.1亿美元(2.1%)、江西146亿美元(7.5%)、湖北103.52亿美元(-19.8%)、山西16.9亿美元(24.4%)。

⑤社会消费品零售总额

●江西增速位列中部六省第一位,总量居中部六省第五位。各省情况分别为:河南 22502.77 亿元（–4.1%）、安徽 18333.7 亿元（2.6%）、湖北 17984.87 亿元（–20.8%）、湖南 16258.1 亿元（–2.6%）、江西 10371.8 亿元（3%）、山西 6746.3 亿元（–4%）。

⑥外贸出口

●江西出口增速居中部六省第一位，总量居中部六省第四位。各省分别为：河南 4074.95 亿元（8.5%）、湖南 3306.4 亿元（7.5%）、安徽 3143.8 亿元（12.8%）、江西 2920.4 亿元（17%）、湖北 2702 亿元（8.7%）、山西 877 亿元（–8.7%）。

⑦城镇居民人均可支配收入

●江西增速为中部六省第一位，总量居中部六省第三位。各省分别为：湖南 41698 元（4.7%）、安徽 39442 元（5.1%）、江西 38556 元（5.5%）、湖北 36706 元（–2.4 %）、河南 34750.34 元（1.6%）、山西 34793 元（4.6%）。

⑧农村居民人均可支配收入

●江西人均居中部六省第一位。各省分别为:江西 16981 元(7.5%)、安徽 16620 元(7.8%)、湖南 16585 元(7.7%)、湖北 16306 元(-0.5 %)、河南 16107.93 元(6.2%)、山西 13878 元(7.6%)。

后 记

编写《江西省情资料手册》是我校（院）为加强各级领导干部省情教育而开展的一项长期工作。为此，常务副校（院）长曾志刚高度重视，副校长杨会清对编好手册给予了关心和指导。

本手册的编写均由江西经济社会发展战略研究所的同志承担。在编写过程中，省政府办公厅、省发改委、省人社厅、省农业农村厅、省商务厅、省统计局、各设区市统计局和市委党校等有关单位提供了许多宝贵资料，同时得到了校教务处、科研部等有关部门的大力支持，在此一并表示感谢。

本手册编写的具体分工如下：

基本省情篇：刘加夫、张金成、花晨、杨

和平、余漫;

发展格局篇:李维、孙志杰;

专题资料篇:黄世贤;

比较资料篇:曾光;

统稿:郭金丰

全书最终审定:杨会清。

编者

2021 年 5 月